ZERO WASTE HAPPY LIFE

Violetta Verissimo

ZERO WASTE HAPPY LIFE

Wie die 5 Rs die Umwelt schonen und dein ganzes Leben einfacher machen können

Von der bekannten YouTuberin Violetta von

I AM SO VIO

INHALT

ZERO WASTE – HAPPY LIFE!

WIE ICH MEIN LEBEN VOM MÜLL BEFREITE

ICH DAMALS

Ich bin Vio, 23 Jahre alt, und lebe mit meinem Hund Zazu zusammen in Berlin. Ich studiere vegane Ernährungsberatung und beschäftige mich im Großteil meiner Zeit mit **NACHHALTIGKEIT** und allem, was dazu gehört. Bis vor ein paar Jahren war ich von einem nachhaltigen Leben allerdings noch weit entfernt. Umweltschutz? Klimawandel? Müllvermeidung? Diese Themen spielten in meinem Alltag damals keine Rolle, ich habe mich vor allem fürs Shoppen, für Make-up und Beauty interessiert. Im Jahr 2013 (damals war ich 16) habe ich einen eigenen YouTube-Kanal eröffnet, auf dem ich über diese Themen Videos gedreht habe.

Einkaufen war meine Leidenschaft. Fast jede Woche war ich mit Freundinnen in den Geschäften unterwegs, mein gesamtes Taschengeld steckte ich in Cremes, Nagellack, Haarprodukte und Kleidung. **GLÜCKSGEFÜHLE**, wenn wieder neue Teile in meine Sammlung wanderten. Und die war nicht gerade klein! Über 150 Nagellacke, Schubladen voller Kosmetikprodukte, Klamotten, wo man nur hinsah. Ich hatte so viele Teile, dass ich nicht mehr wusste, wo ich sie unterbringen sollte: in meinem Schrank, unter dem Bett, auf dem Dachboden, im Keller.

Dass ich das meiste dieser Dinge überhaupt nicht nutzte, war mir damals nicht aufgefallen. Ich habe mich vor allem an meinen Vorbildern im Internet und Fernsehen orientiert. Habe mir immer wieder ihre Sammlungen angeguckt, war fasziniert und beeindruckt. Das MÖCHTE ICH AUCH! Aber wieso eigentlich?

DER WANDEL

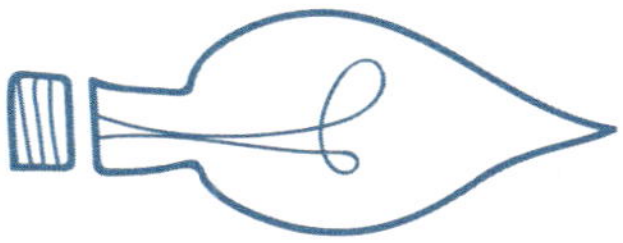

Gut, damals war ich noch sehr jung und viele Dinge waren mir einfach noch nicht so richtig bewusst:

- Dass ich keine materiellen Dinge brauche, um mich **GUT ZU FÜHLEN**.
- Dass in den Kosmetikprodukten, die ich jeden Tag benutzte, schädliche Inhaltsstoffe enthalten sind.
- Dass die Kleidung, die ich zu extrem günstigen Preisen kaufte, unter schrecklichen Bedingungen produziert wird.
- Dass mein gedankenloser Konsum anderen Menschen, der Umwelt und auch mir selbst schadet.

Was mir lange nicht KLAR war: Auch für Eier und Milchprodukte leiden Tiere, sie sterben sogar dafür. Nachdem mir das bewusst wurde, gab es für mich nur eine Option: keine tierischen Produkte mehr konsumieren.

Das erste Mal hinterfragte ich mein Verhalten, als wir in der Schule über die Produktion von Kleidung gesprochen haben. Wir haben eine Dokumentation über eine Marke geguckt, bei der ich zu der Zeit regelmäßig eingekauft habe. Ich war schockiert, konnte gar nicht glauben, was in der Textilindustrie so alles vor sich geht. Aber nur wenige Wochen später war der Schock überwunden, alles lief wieder ganz normal weiter. Wir wussten alle, dass in der Welt Dinge passieren, die nicht in Ordnung sind. Aber was soll man dagegen tun? Einen Lösungsvorschlag haben wir in der Schule nicht bekommen.

ALLES BEGANN MIT DEN TIEREN

Nachdem ich mit meinem Abitur fertig war, vollzog sich dann **GLÜCKLICHERWEISE** ein großer Wandel in meinem Leben. 2016 entschied ich mich, komplett auf eine vegane Lebensweise umzustellen. Zuvor war ich bereits vier Jahre lang Vegetarierin, vor allem, um die Tiere zu schützen.

Ich fing an, mich mehr mit der Herkunft der Produkte zu **BEFASSEN**, die ich konsumierte. Nach und nach habe ich gemerkt, dass das alles viel komplexer ist, als ich gedacht habe.

Was wir sehen, ist ein Produkt im Regal und ein (in Deutschland recht günstiger) Preis in Euro. Wie es dort hingekommen ist und wer für die Produktion leiden musste, steht in der Regel nicht auf der Verpackung.

Wenn man erst einmal **ANGEFANGEN** hat, sich mit Nachhaltigkeit zu beschäftigen, kommt man ganz schnell von einem zum nächsten Thema. Zuerst ging es mir nur um Ernährung, dann kamen Kosmetikprodukte hinzu, als nächstes fair produzierte Kleidung und Minimalismus, und schließlich gelangte ich zum Thema Zero Waste. Die Entscheidung Veganerin zu werden, hat also eine Veränderung in Gang gesetzt, die ich mir so nie hätte vorstellen können. Und ich bin unendlich **DANKBAR** dafür!

ICH HEUTE

Heute beschäftige ich mich auf YouTube, Instagram und meinem Blog mit Nachhaltigkeit, Zero Waste, Veganismus und Minimalismus. Ich möchte meinen Zuschauern und Lesern zeigen, dass ein nachhaltiges, bewusstes und minimalistisches Leben nicht nur super einfach ist, sondern auch **GLÜCKLICH** machen kann.

Durch Minimalismus und Nachhaltigkeit habe ich vieles in meinem Leben gewonnen – vor allem Zeit und Freiheit. Und Erkenntnisse:

- Dass ich die meisten Dinge eigentlich **NICHT BRAUCHE**.
- Dass ich nicht konsumieren muss, um glücklich zu sein.
- Dass ein nachhaltiges Leben nicht Verzicht und Mangel bedeutet, sondern den Fokus auf die wichtigen Dinge lenkt.

Es ist einfacher, alles auszublenden und ganz „normal" weiterzumachen, als sich kritisch mit dem eigenen Konsum und den Folgen davon auseinanderzusetzen. Denn Letzteres zwingt einen dazu, zu handeln. Aber es lohnt sich, denn auch das Glück und der SINN des eigenen Lebens hängen damit zusammen.

MEIN WEG ZU ZERO WASTE

In einem Zeitschriftenartikel las ich zum ersten Mal von Zero Waste. Hier erzählte eine junge Frau, die den gesamten Müll eines Jahres in einem Einmachglas sammeln konnte, wie sie angefangen hat, selbst Kosmetik- und Haushaltsprodukte herzustellen, und wie sie es schafft, verpackungsfrei einzukaufen. Ich war **FASZINIERT**, hatte aber nicht das Gefühl, dass ich auch nur ansatzweise so leben könnte. Trotzdem hat mich das Thema nicht losgelassen. Ich recherchierte also weiter, schaute mir Dokumentationen und YouTube-Videos an, las unzählige Blogs und wurde immer **MOTIVIERTER**, das Ganze auch einmal auszuprobieren.

Ich begann mit Kosmetik, einem meiner größten Themen. Nachdem ich mich über schädliche Inhaltsstoffe informiert habe, war klar, dass die meisten Produkte aus meinem Badezimmer verschwinden müssen: Parabene, Silikone, Mikroplastik – all das wollte ich in **ZUKUNFT** meiden. Also fing ich an, auszusortieren und selbst Cremes, Masken und Lotionen anzurühren aus Zutaten wie Kokosöl, Sheabutter, Bananen und Kaffee.

Das Wort zero, „null“, in Zero Waste beschreibt das Ideal, das in unserem System nicht möglich ist: Produkte verursachen immer Müll und einen großen Teil davon können wir nicht BEEINFLUSSEN. Ich spreche darum lieber von Low Waste: Es geht darum, den Müll zu vermeiden, auf den wir selbst Einfluss haben.

PLASTIKFREI EINKAUFEN – ABER WIE?

Als ich dann in eine eigene Wohnung in einer anderen Stadt gezogen bin und selbst einkaufen musste, fiel mir zum ersten Mal auf, wie viel Müll dabei entsteht. Die riesigen Berge aus Plastikfolien, Tüten, Konserven nach jedem Wocheneinkauf haben mich sehr gestört, aber ich sah keinen **AUSWEG**: Einen Unverpackt-Laden gab es in der Nähe nicht und in meinem Stamm-Supermarkt wurde nur wenig verpackungsfrei angeboten. Loses Obst und Gemüse war noch dazu um einiges teurer als verpacktes.

Schnell bekam ich das Gefühl, dass Zero Waste nur möglich ist, wenn man in einer Großstadt lebt oder sehr viel Geld für Lebensmittel ausgeben kann. Also ließ ich diesen Bereich erstmal ruhen und fokussierte mich weiter auf das Badezimmer.

Trotzdem war da immer noch der Müll in der Küche … Ich dachte mir, das muss doch auch ANDERS gehen, und startete mit einem Video eine Challenge: 30 Tage Zero Waste! Ziel war, keinerlei in Plastik verpackte Lebensmittel mehr zu kaufen. (Papier und Glas habe ich mir erstmal noch erlaubt.)

HERAUSFORDERUNG ANGENOMMEN!

Meine **CHALLENGE** begann mit einem Einkauf im Unverpackt-Laden meiner Heimatstadt, in der ich gerade zu einem meiner regelmäßigen Besuche war. Beim nächsten Wocheneinkauf in meinem Stamm-Supermarkt gemäß Challenge fiel einiges weg: Chips, Süßigkeiten, Cornflakes, Fertigprodukte, einiges an Obst und Gemüse … Es mussten also Alternativen her.

1. Ich erkundete alle Einkaufsmöglichkeiten in meiner Nähe: Supermärkte, Gemüseläden, Wochenmärkte.
2. Ich machte mir eine Liste, welche Lebensmittel ich wo **OHNE** Plastik bekommen konnte.
3. Schnell merkte ich: Fertiggerichte und Süßigkeiten gibt es kaum unverpackt. Also nahm ich dies zum Anlass, um auch hier mein Leben zu **VERÄNDERN**.

Und überraschenderweise konnte ich alle Grundnahrungsmittel, die ich brauchte, in meiner Nähe einkaufen. Es brauchte nur etwas mehr Planung!

Natürlich wollte ich aber nicht ständig zu zehn verschiedenen Läden fahren (noch dazu war ich nur mit den öffentlichen Verkehrsmitteln unterwegs). Also fing ich an, Vorräte anzulegen, sodass ich beim Wocheneinkauf nur noch Obst und Gemüse dazukaufen musste. Für die Vorräte fuhr ich einmal im Monat die verschiedenen Läden auf meiner Liste ab. Was ich nicht in der Nähe bekommen konnte, besorgte ich beim nächsten Besuch zuhause im Unverpackt-Laden oder bestellte es bei einem plastikfreien Online-Shop (s.S.134).

HERAUSFORDERUNG GEMEISTERT!

Heute habe ich meine Ernährung und mein Einkaufsverhalten komplett umgestellt.

- Ich konsumiere (fast) keine Fertigprodukte und Süßigkeiten mehr.
- Ich kaufe hauptsächlich im Unverpackt- und Bioladen ein.
- Ich nutze wiederverwendbare Alternativen statt Einwegprodukten.
- Ich mache vieles selbst.
- Ich lebe minimalistisch, kaufe kaum noch etwas neu. Wenn ich etwas brauche, versuche ich es gebraucht zu bekommen oder zumindest aus **FAIREM** Handel.

Gesunde Ernährung fällt mir jetzt leichter, durch den „Verzicht" auf Süßkram und Co geht es mir gesundheitlich viel **BESSER**. Wenn ich mal Lust auf Süßes habe, mache ich mir zum Beispiel Bananenbrot oder Rohkost-Riegel aus Trockenfrüchten und Nüssen. Ausnahmen mit sehr zucker- oder fetthaltigem Essen erlaube ich mir, aber ich merke, dass sie meinem Körper nicht guttun. Und ich spare einiges an Geld.

Ich kann also nicht wirklich von Verzicht sprechen, da es mir mit der Umstellung (die, das muss ich zugeben, anfangs nicht leicht war) jetzt sehr viel besser geht. Das Einkaufen ist viel unkomplizierter geworden, und durch meinen minimalistischen Lebensstil habe ich viel Zeit gewonnen, die ich **GERNE** nutze, um beispielsweise Lebensmittel, Pflege- und Haushaltsprodukte selbst herzustellen.

Die größte Erkenntnis aber, die ich über die letzten Jahre bei diesem „Experiment" erlangen konnte, ist, dass man weder viel Geld noch viel ZEIT braucht, um nachhaltig zu leben.

DIE 5 RS

In der Zero-Waste-Bewegung gibt es fünf Grundsätze, die **EINFACH** darstellen, wie man nachhaltigere Entscheidungen treffen kann. Die Bedeutung der 5 Rs variiert je nach Interpretation. Ich stelle hier meine persönlichen Rs vor, die durch dieses Buch führen.

1. Refuse = Ablehnen/Verzichten
Frage dich, ob du die Dinge, die du konsumierst, wirklich brauchst. Die nachhaltigste Variante ist immer, gar nichts zu konsumieren.

2. Reduce = Reduzieren
Reduziere die Dinge, auf die du nicht verzichten kannst oder möchtest. Du isst gerne abends vor dem Fernseher Chips? Tu das. Vielleicht kannst du dich ja darauf einlassen, nicht jede Woche eine Tüte zu kaufen, sondern nur noch alle zwei Wochen?

3. Reuse = Wiederverwenden
An dieser Stelle geht es vor allem um Alternativen zu Einwegprodukten. Diese machen den größten Anteil an unseren Müllbergen aus, und auf viele können wir schon mit ein paar einfachen Veränderungen verzichten.

4. Repair = Reparieren
Leider ist es schon zum Standard geworden, Kaputtes nicht zu reparieren, sondern sofort wegzuwerfen. Beschäftige dich wieder mehr damit, wie man Dinge erhält.

5. Recycle & Rot = Recyclen & Verrotten lassen
Bei diesem R geht es um den Müll, den wir trotz der anderen vier Rs noch haben. Wie entsorgen wir ihn richtig, wie funktionieren Recycling und das richtige „Verrotten"?

Wenn man sich an diese Grundsätze hält, liegt man in Bezug auf Nachhaltigkeit schon sehr weit vorn. Wie man sie **AM BESTEN** umsetzt, schauen wir uns in den folgenden Kapiteln an.

DAS PROBLEM MIT DEM MÜLL

Es gibt mehrere Gründe, warum wir Müll im Allgemeinen und vor allem Plastik vermeiden sollten. Momentan erzeugt jeder Mensch in Deutschland pro Jahr etwa 107 kg Plastikmüll. Nur ein sehr geringer Anteil hiervon kann **RECYCELT** werden. Und was passiert mit dem Rest?

Ein Teil wird verbrannt, wodurch sehr viel CO_2 entsteht, eine der Hauptursachen für die Klimaerwärmung. Ein anderer Teil wird ins Ausland verschifft und landet oft in der **UMWELT**, zum Beispiel in unseren Flüssen und Meeren. Ganze 800 Mio. t Kunststoff gelangen jedes Jahr ins Meer!

KLEIN, KLEINER, MIKROPLASTIK

Und Plastik ist ein unglaublich langlebiges Material, bis eine Plastikflasche zerfällt dauert es etwa 450 Jahre. Und selbst dann ist sie nicht einfach weg, sondern sie hat sich lediglich zu Mikroplastik verkleinert. Diese Art von Plastik ist mit unter 5 mm so klein, dass es sich nicht mehr aus dem Wasser rausfiltern oder an Land einsammeln lässt. Wenn diese kleinen Plastikteilchen durchs Wasser treiben oder an Land gelangen, werden sie häufig von Fischen, Seevögeln, Schildkröten und anderen Wasser- und Landbewohnern für Nahrung gehalten. Da sie unverdaulich sind, sammeln sie sich in ihren Mägen an, bis die Tiere keine Nahrung mehr aufnehmen können: Sie verhungern kläglich mit einem Verdauungstrakt voller Plastik.

Mikroplastik entsteht aber nicht nur durch die Zersetzung von größerem Plastik in Gewässern, sondern auch durch unser alltägliches Verhalten.

- Es ist in vielen Kosmetikprodukten enthalten, zum Beispiel in Zahnpasta oder Hautpeelings. Wenn wir solche Produkte benutzen, spülen wir das Mikroplastik über den Abfluss quasi direkt in die Gewässer, da unsere Kläranlagen es nicht herausfiltern können.

- Das gleiche passiert beim Waschen von synthetischer Kleidung, zum Beispiel aus Polyester: Dabei lösen sich kleine Fasern, die ins Abwasser gelangen.
- Weitere Quellen für Mikroplastik sind der Abrieb von Autoreifen, Asphalt oder Kunstrasen, oder Medikamente, denen Mikroplastik als Füllstoff zugesetzt wird.

SCHÄDLICHE INHALTSSTOFFE IN PLASTIK

Plastik enthält zudem viele schädliche Stoffe wie Weichmacher. Diese lösen sich im Wasser und gelangen so auch in unser Verdauungssystem, etwa über die Fische, die wir verzehren. In unserem Körper können sie beispielsweise Leber und Nieren angreifen und ähnlich wie Hormone wirken und so die Fruchtbarkeit beeinträchtigen. Und es gibt noch viele weitere Möglichkeiten, wie wir mit Mikroplastik belastet werden können, etwa durch Hautkontakt (durch Kosmetik) oder über Nahrung, die in Plastikbehältern erhitzt wurde.

Ein weiterer Grund, auf Plastik zu verzichten, ist, dass es aus Erdöl hergestellt wird – eine **RESSOURCE**, die auf unserem Planeten nur begrenzt vorhanden ist.

BEDINGT BESSER: PAPIER, GLAS, BIOPLASTIK

Auch wenn sich diese Verpackungsvarianten sehr viel schneller zersetzen und Papier und Glas besser recycelt werden können als Plastik, sind sie trotzdem noch nicht die nachhaltigste Möglichkeit. Das Recycling von Papier und Glas bedarf sehr viel **ENERGIE**, außerdem muss auch immer ein kleiner Anteil an neuem Glas bzw. Papier hinzugefügt werden, um die recycelte Variante herzustellen.

Holz ist zwar ein NACHWACHSENDER Rohstoff, aber trotzdem ist der Ressourcenverbrauch für Produkte daraus hoch. Die recycelte Papiertüte als Alternative zur Plastiktüte ist daher nur nachhaltiger (im Hinblick auf die CO_2-Bilanz), wenn sie mindestens drei Mal so oft wie eine Plastiktüte benutzt wird.

Verpackungen aus Glas sind viel sperriger und schwerer als Plastikverpackungen, für den Transport werden also mehr Fahrzeuge und mehr Treibstoff benötigt. Das führt zu einer schlechteren CO_2-Bilanz. Produkte in Mehrwegglas **AUS DER REGION**, die nicht weit transportiert werden müssen zur Verkaufsstelle sowie zurück zur Reinigung und Wiederbefüllung der Gläser, sind die beste Option dieser Art, allerdings noch ziemlich selten zu finden.

Konservendosen sind **LEICHTER** als Glas, bestehen allerdings aus Aluminium, welches in der Herstellung extrem energieaufwendig ist.

Außerdem sind die meisten Konserven mit BPA beschichtet, ein Weichmacher, der gesundheitlich bedenklich ist.

Es gibt zwei Arten von Bioplastik, die beide genauso leicht sind wie Plastik und genauso eingesetzt werden können. Doch natürlich haben auch diese Alternativen ihre Nachteile:

1. Es ist nicht gesetzlich geregelt, was „Bioplastik" genau bedeutet.
2. Manches ist aus nachwachsenden Rohstoffen hergestellt, häufig aus Mais oder aus Zuckerrohr. Das Land, das Wasser und die Arbeit, die dafür aufgewendet werden, um diese Rohstoffe anzubauen, könnte man auch für die Produktion von (in anderen Teilen der Welt dringend benötigten) Nahrungsmitteln einsetzen.
3. Bioplastik aus nachwachsenden Rohstoffen zersetzt sich recht langsam, es benötigt in der Regel etwa 12 Wochen und sehr spezielle Bedingungen, sodass es nicht über den Biomüll entsorgt werden kann. Diese Verpackungen gehören also in den Restmüll, wo sie verbrannt werden, was wieder CO_2 erzeugt.
4. Es gibt auch Bioplastik, das aus einer Mischung aus Erdöl und nachwachsenden Materialien besteht. Dieses zersetzt sich meist zu 90%, darf aber auch nicht in den Biomüll geworfen werden und wird daher ebenfalls verbrannt.

Man sieht also, die nachhaltigste Verpackung zu wählen, ist gar nicht so einfach. Die beste Verpackung ist keine Verpackung, oder zumindest eine **WIEDERVERWENDBARE**. Das gleiche gilt für Einwegartikel: Jeder To-go-Becher, jeder Strohhalm und jede Tüte, die nach einmaliger Benutzung im Müll landen, ist eine Ressourcenverschwendung.

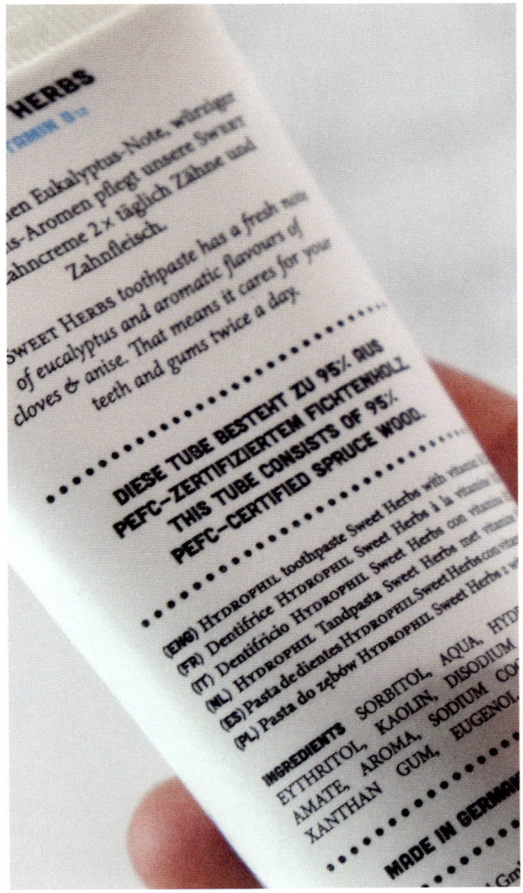

Für mich zählt nicht nur die CO_2-Bilanz. Glas und Papier sind energieaufwendiger herzustellen, aber können besser recycelt werden, und falls sie ins Meer gelangen, lösen sie sich nicht zu gefährlichen Stoffen auf. Die niedrige CO_2-Bilanz des Plastiks nutzt nichts, wenn die Massen an Plastikmüll am Ende den Planeten zerstören.

DAS ERSTE R: REFUSE

ABLEHNEN/VERZICHTEN

MÜLL-BRENNPUNKT KÜCHE

Die Küche ist – neben dem Badezimmer – der Bereich im Haushalt, in dem am meisten Müll anfällt, sei es durch das Einkaufen und Transportieren, das Zubereiten oder das Lagern von Lebensmitteln. **GLÜCKLICHERWEISE** kann man hier durch ein paar kleine, einfache Veränderungen Unmengen an Plastik und sonstigem Müll einsparen.

WAS WILLST DU ESSEN?

Der erste Schritt ist zu überlegen, was wirklich notwendig ist und was man in seinem **LEBEN** haben möchte. Die am aufwendigsten verpackten Lebensmittel sind in der Regel verarbeitete Produkte, also Fertiggerichte, Süßigkeiten oder Snacks für Zwischendurch. Für mich ist klar, dass ich nur Dinge in meinem Leben (und in meinem Haushalt) haben möchte, die mir auf Dauer guttun. Fertige, abgepackte Produkte gehören nicht dazu: Sie sind weder gut für meinen Körper noch für meine Umwelt. Noch dazu sind sie wesentlich teurer als unverarbeitete Lebensmittel.

Als ich das erkannt habe, habe ich mit einem Experiment begonnen: Ich habe zunächst für eine gewisse Zeit lang versucht, so gut es geht auf verarbeitete Lebensmittel zu verzichten. Anstatt auf Plastikverpackungen mit Aufschnitt, Kartons gesüßter Cornflakes, Tüten voller Gummibärchen etc. zurückzugreifen, bestand meine Ernährung nur noch aus unverarbeiteten, **„GANZEN"** Lebensmitteln:

- Obst
- Gemüse
- Getreide
- Hülsenfrüchte
- Nüsse
- Samen

Und das waren auch genau die Lebensmittel, die ich **OHNE** Verpackung einkaufen konnte! Was ich nicht verpackungsfrei bekam, worauf ich aber nicht verzichten wollte, zum Beispiel Brot, machte ich einfach selbst.

WIR KAUFEN MEHR, ALS WIR BRAUCHEN

Aber nicht nur auf ungesunde Lebensmittel verzichte ich. Eine Sache, die mir immer bewusster geworden ist, ist die Lebensmittelverschwendung, die hierzulande stattfindet. 12 Mio. t Lebensmittel wandern in Deutschland pro Jahr in den Müll! Pro Person sind das ganze 75 kg, von denen der Großteil sogar noch zum Verzehr **GEEIGNET** wäre. Das zieht sich durch die ganze Kette.

Für den Handel ist alles genormt: Obst und Gemüse muss eine bestimmte Größe und Form haben, die Schale darf keine Makel aufweisen. Lebensmittel, die nicht diesen Normen entsprechen, werden abgelehnt und darum entweder gar nicht erst geerntet oder nach der Ernte aussortiert.

In den Supermärkten selbst werden Unmengen an Lebensmitteln weggeworfen

- aufgrund von kleinen Makeln;
- weil das Obst vielleicht schon etwas reifer ist;
- weil Produkte kurz vor dem Ablaufdatum stehen. In den allermeisten Fällen sind diese Lebensmittel aber noch **ESSBAR**, auch noch am allerletzten angegebenen Tag und oft lange darüber hinaus, sie haben höchstens ein paar Schönheitsfehler;
- weil die Brotregale bis abends voll sein müssen. Bis kurz vor Ladenschluss wird gebacken, damit kein Kunde vor einem halb leeren Regal stehen muss, und oft nur eine Stunde später werden die frischen Backwaren dann entsorgt, denn am nächsten Tag kann man sie nicht mehr verkaufen..

Weiter geht es dann in den Haushalten: Die Märkte animieren mit großen Packungen, Angeboten und Rabattaktionen dazu, mehr zu kaufen, als man **BRAUCHT**. Man bekommt das Gefühl vermittelt, man würde ein großartiges Angebot nutzen und richtig sparen.

STRATEGIEN GEGEN DIE VERSCHWENDUNG

Dabei landet ein beachtlicher Anteil zuhause in der Mülltonne: Viele Lebensmittel werden schlecht oder laufen ab (was nicht dasselbe ist!) oder man hat einfach keinen **APPETIT** mehr auf etwas, was man schon mehrere Tage gegessen hat.

Um Lebensmittelmüll zu reduzieren, gibt es aber **GLÜCKLICHERWEISE** ein paar ganz einfache Strategien.

1. Nicht ohne Plan einkaufen gehen.
Zu oft gehen wir einkaufen, ohne zu wissen, was wir kochen und essen möchten. Dann greifen wir zu Angeboten und tätigen Spon-

> Der Effekt dieser Veränderungen war schon nach kurzer Zeit sicht- und spürbar. Nicht nur mein Müllberg war um einiges kleiner geworden – es ging mir auch körperlich sehr viel besser. Was ich zuerst als Verzicht empfunden habe, war also vielmehr eine Befreiung und hat mein Leben durchweg POSITIV verändert.

tankäufe. Durch einen einfachen Wochen-Menüplan und eine überlegte Einkaufsliste kannst du dem entgegenwirken: Damit kaufst du gezielt nur das, was du wirklich brauchst.

2. Lebensmittel richtig lagern.
Trockenes wie Mehl und Getreide sollte gut verschlossen gelagert werden, um es vor Schädlingen zu schützen. Nicht jedes Obst oder Gemüse gehört in den Kühlschrank: Tomaten, Gurken und Paprika sollen zum Beispiel bei Zimmertemperatur gelagert werden, während es Beeren, Trauben oder Salat kühl brauchen.

3. Auf die eigenen Sinne vertrauen.
Bevor man ein abgelaufenes Lebensmittel entsorgt, sollte man sich einfach selbst vom Zustand überzeugen. Wie ist der Geruch, wie sieht es aus, wie **SCHMECKT** es? Unsere Sinne reichen aus, um herauszufinden, ob etwas noch essbar ist. Falls Schimmel zu sehen ist, ist das gesamte Nahrungsmittel natürlich zu entsorgen.

4. Übriges **TEILEN**.
Wenn du merkst, dass du zu viel gekauft oder gekocht hast, beglücke andere damit! Nachbarn oder Freunde freuen sich sicher, oder du nutzt eine App wie Foodsharing. Es gibt in der Regel immer noch jemanden, der sich über die Lebensmittel freut und sie gebrauchen kann!

5. Reste richtig verwerten.
Manchmal hat man noch Reste übrig, mit denen man nicht so wirklich etwas anzufangen weiß. Aus vielem kann man aber durchaus noch etwas machen! Altes Brot wird zu Paniermehl, aus Gemüseschalen und -resten wird Gemüsebrühe, und es gibt unzählige weitere Möglichkeiten der Zweitverwertung.

WENIGER HILFT VIEL!

Loses Obst und Gemüse kostet oft mehr als das in Plastik verpackte. Aber auch hier hat man wieder einen **VORTEIL**: Dadurch, dass man nur noch genau die Menge kauft, die man braucht, gibt man oft weniger Geld aus, trotz des höheren Kilopreises!

In der Küche kann man also schon eine Menge Müll vermeiden, indem man

1. auf verarbeitete Produkte verzichtet und sich, so gut es geht, von ganzen Lebensmitteln ernährt;
2. nur so viele Lebensmittel einkauft, wie man braucht.

WEITERE MÖGLICHKEITEN ZUR BEFREIUNG

1. Fertige Putzmittel reduzieren.
Nicht nur in der Küche, aber auch dort finden sich die unterschiedlichsten Putzmittel für – oder vielmehr gegen – jeden Fleck und für jede Fläche. Auf vieles hiervon kann man ebenfalls verzichten, indem man Reinigungsmittel aus natürlichen Mitteln einfach selbst herstellt (s.S.65).

2. Nicht für alles ein eigenes Teil.
Häufig verstopfen Spezialgeräte für seltene Anwendungsfälle die Schubladen, in den Schränken finden sich Berge von Plastikbehältern und Küchengeräten – für jeden Fall und jedes Lebensmittel ein eigenes Tool und eine spezielle Dose. Und wenn man sich nach Jahren, die diese Helfer unbenutzt herumlagen, entscheidet, sich von ihnen zu trennen? Im besten Fall findet man jemanden, der noch Freude daran hat, im schlimmsten Fall landen sie einfach im Müll. Denke darum zwei Mal nach, bevor du dir so ein Gadget zulegst, und frage dich, ob du es wirklich benutzen wirst. Schaffe möglichst nur Dinge an, die mehrere Zwecke **ERFÜLLEN**. Das bringt dir auch mehr Platz in deiner Küche!

Als ich mit Zero Waste angefangen habe, habe ich auf einige Lebensmittel verzichtet, da es diese bei mir im Supermarkt nur in Plastik gab. Oft ist hier aber gar kein Verzicht nötig, sondern einfach nur ein UMDENKEN: Viele Dinge gibt es abseits der gewohnten Wege ohne Plastik, etwa im kleinen Gemüseladen, auf dem Markt, im Hofladen ...

3. Auf Einwegprodukte verzichten.
Viele beliebte kleine Helfer wie Papier-Muffinförmchen, Backpapier, Frischhaltefolie, Küchenrolle, Strohhalme, Eiswürfelbeutel, Kaffeekapseln, Butterbrottüten oder Servietten sind leider Einwegprodukte. Für viele dieser Dinge gibt es plastikfreie und müllreduzierende Alternativen (s.S.86), aber die erste Frage sollte immer sein: Brauchst du das wirklich? Anstelle von Backpapier kann man zum Beispiel das Blech einfach einfetten, ebenso die Muffinform, und statt Küchenrolle kann ein waschbarer Lappen zum Aufwischen verwendet werden.

MÜLL-BRENNPUNKT BADEZIMMER

Im Bad entsteht viel Müll durch Produkte, die wir nicht brauchen und die unserer Gesundheit sogar schaden können. Die **GUTE NACHRICHT**: Es geht ganz einfach anders!

> Ich habe in diesem Bereich einen sehr großen Wandel durchlebt, von „Ich muss alles ausprobieren, ich brauche noch dieses und jenes Produkt" zu „Eigentlich brauche ich so gut wie nichts davon." Heute möchte ich nichts mehr an meine Haut lassen, was schaden könnte.

WIE WILLST DU DICH PFLEGEN?

Der erste Schritt ist wieder die Bestandsaufnahme: Was habe ich, was benutze ich und was brauche ich wirklich? Gerade bei Kosmetik sammelt sich häufig einiges an, was kaum genutzt und überhaupt nicht benötigt wird: Produkte, die man mal ausprobieren wollte, die aber doch nicht gefallen haben, zahllose Tiegelchen, Öle und Cremes, die uns noch glattere Haut, noch seidigeres Haar und noch mehr **SCHÖNHEIT** versprechen. Auf viele dieser Produkte kannst du getrost verzichten und hast sofort Müll eingespart.

Ich benutze immer noch sehr gerne Kosmetik und Pflegeprodukte. Ich weiß, dass ich sie nicht brauche, aber es macht mir Freude. Inzwischen gibt es so viele tolle plastikfreie Alternativen, dass man eigentlich auf nichts verzichten muss! Und auf einige Dinge kann man auch gar nicht verzichten, da sie für die tägliche **PFLEGE** und Hygiene notwendig sind; doch auch hier gibt es wiederverwendbare und müllfreie Lösungen (s.S.89).

AUF DIE INHALTSSTOFFE KOMMT ES AN

Viele der herkömmlichen Badprodukte enthalten potenziell schädliche Inhaltsstoffe. Die folgenden stehen im Verdacht, verschiedene gesundheitliche Schäden hervorzurufen. Die Meinungen, wie gefährlich diese Stoffe tat-

sächlich sind, gehen auseinander. Da ich kein Risiko eingehen möchte, meide ich Produkte, in denen diese Stoffe enthalten sind.

- Aluminium bzw. Aluminiumsalze
  Diese Stoffe habe ich noch in meiner Schulzeit kennengelernt. Sie sind vor allem in Antitranspirants enthalten – also Deodorants, die das Schwitzen verhindern sollen –, und vor einigen Jahren wurde sehr viel darüber diskutiert, ob Aluminiumsalze das Risiko für Brustkrebs und Alzheimer erhöhen und die Nerven schädigen können. Inzwischen sind aluminiumfreie Deodorants eindeutig gekennzeichnet und das Angebot ist groß.
- Parabene
  Diese können hormonell wirksam sein und werden mit Unfruchtbarkeit, verfrühter Pubertät und bestimmten Krebsarten in Verbindung gebracht.
- Tenside
  Zu den Tensiden gehören beispielsweise die Sulfate. Die reinigenden Substanzen sind vor allem in Shampoo und in Reinigungs- und Waschmitteln zu finden und stehen im Verdacht, die Haut durchlässiger zu machen (für Pflege, aber auch für Schadstoffe) und Allergien auszulösen. Außerdem werden sie häufig aus Erdöl hergestellt und sind nur schwer biologisch abbaubar.
- Paraffine, Wachse und Vaseline
  Diese ebenfalls erdölbasierten Stoffe werden zum Beispiel in Lippenstiften, Lippenbalsam oder Handcremes verwendet. Sie legen sich auf die Haut und sorgen so dafür, dass keine Feuchtigkeit mehr in die Haut gelangen kann. Außerdem gehen sie häufig mit krebserregenden Mineralölrückständen einher.
- Mikroplastik
  Neben der Umwelt- und Wasserverschmutzung durch Mikroplastik (s.S.21) ist noch nicht ganz klar, welche gesundheitlichen Schäden man durch Mikroplastik nehmen kann. Vermutet wird eine Erhöhung des Krebsrisikos und die Möglichkeit von Entzündungen in Darm und Leber durch eingelagertes Mikroplastik.

Das **TOLLE** ist: Zu all diesen Stoffen gibt es Alternativen in der Naturkosmetik. Es ist also überhaupt nicht schwierig, sie zu meiden.

Die Haut ist unser größtes Organ, Pflegeprodukte dringen über sie bis in unser Innerstes vor. Als mir das klar geworden ist, habe ich radikal aussortiert. Mich nun auch nicht mehr ständig von Werbung manipulieren zu lassen und nicht mehr den Drang zu haben, neue „Verschönerungsprodukte“ zu kaufen, hat mir sehr viel FREIHEIT gebracht.

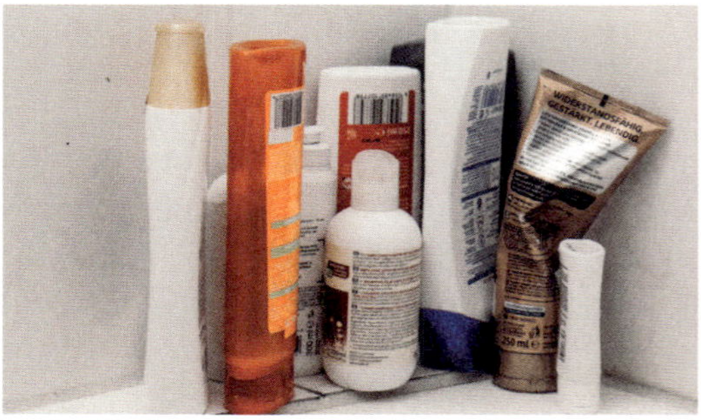

WEITERE MÖGLICHKEITEN ZUR BEFREIUNG

1. Eins nach dem anderen.
Häufig haben wir von einem Produkt gleich mehrere Ausführungen. Ich war es gewohnt, neue Shampoos, Duschgels, Cremes oder Make-up zu kaufen, bevor ich die „alten" Produkte aufgebraucht hatte. Dadurch sind manche Produkte schlecht geworden oder ich hatte einfach keine Lust mehr darauf, nachdem sie monatelang im Schrank standen. Und oft war ich unsicher: Wie lange können Kosmetikprodukte nach dem Öffnen verwendet werden? Gerade wenn man mehrere Verpackungen parallel geöffnet hat, können sich über die Zeit Bakterien in den Produkten vermehren. Vieles ist zwar auch noch nach der angegebenen Haltbarkeit **VERWENDBAR**, aber dennoch ist es am besten, diese Situation zu vermeiden.

2. Spontankäufe vermeiden.
Keine Besuche im Drogeriemarkt, „um zu schauen, was es gibt". Ich gehe nur noch gezielt einkaufen, wenn etwas aufgebraucht ist.

3. Nur kaufen, was du benutzt.
Dabei **HILFT** es, wenn man sich die Dinge anschaut, die man bereits hat, und sich fragt, wann man sie zuletzt benutzt hat. Wenn das lange her ist oder du dich nicht einmal mehr dran erinnern kannst, brauchst du nichts mehr in dieser Art zu kaufen. Eigentlich logisch, aber trotzdem neigen wir dazu, immer wieder Dinge zu kaufen, die am Ende nur herumliegen, bis wir sie irgendwann entsorgen.

4. Sich selbst akzeptieren.
Auf Beauty-Produkte zu verzichten, hat viel mit dem eigenen **SELBSTWERTGEFÜHL** zu tun: Man bekommt durch Werbung schnell das Gefühl, dass man bestimmte Produkte braucht, um schön zu sein. Erst seit ich größtenteils auf Stylingprodukte und Make-up verzichte, habe ich angefangen, mein Äußeres wirklich so zu akzeptieren, wie es ist. Und seither brauche ich diese Produkte nicht mehr.

Noch immer habe ich Lieblingsprodukte, die ich gerne und fast täglich benutze, aber ich bin genauso zufrieden mit mir, wenn ich sie mal weglasse.

MÜLL-BRENNPUNKT KLEIDUNG

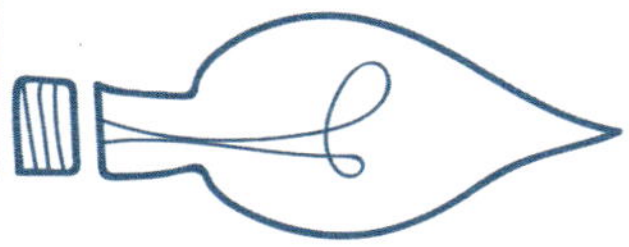

Kleidung ist ein weiteres Thema, das mir persönlich sehr **WICHTIG** ist. Jede Person in Deutschland kauft im Schnitt 60 Kleidungsstücke pro Jahr, von denen im Durchschnitt jedes fünfte Teil nie getragen wird: Wir konsumieren heute so viel Kleidung wie nie zuvor. Und das, obwohl unsere Kleiderschränke bereits prall gefüllt sind.

FAST FASHION = SCHNELLER (UND BILLIGER) MÜLL

Hinzu kommt, dass die Modeindustrie extrem schnelllebig geworden ist. Jede Woche kommen neue Kollektionen in die Geschäfte. Man spricht von „Fast Fashion", also „schneller Mode": Was gerade noch im Trend war, ist ein paar Wochen später schon wieder abgeschrieben. Klamotten sind zur Wegwerfware geworden.

Kein **WUNDER**, wenn man bedenkt, wie günstig Kleidungsstücke heutzutage zu bekommen sind. Für unter 10 € kann man ein ganzes Outfit bekommen! Auch beim Kleiderkauf verlocken Rabatte dazu, mehr zu kaufen, als man braucht: Nimm 3, zahl 2! Wo früher nur zwei bis vier Mal pro Jahr reduziert wurde, nämlich immer zum Ende der Saison, bekommt man jetzt das ganze Jahr über Nachlässe auf sowieso schon spottbilliges Zeug.

WO BLEIBEN DIE ALTKLEIDER?

Und wenn wir merken, dass sich wieder zu viel angesammelt hat, oder wenn ein Teil nicht mehr dem aktuellen Trend entspricht, wird aussortiert. Inzwischen gibt es sogar „Fast-Fashion-Geschäfte", die Altkleider annehmen und im Austausch Rabattgutscheine aushändigen. So bleibt das System am Laufen: Altes schnell weg, Neues schnell billig(er) kaufen.

Die meisten Kleidungsstücke wandern aber in die Altkleidersammlung, allein in Deutschland sind das ganze 1,3 Mio. t. Doch was passiert mit dieser Kleidung? Man geht ja davon aus, dass sie weitergegeben wird an die, die sie wirklich benötigen. Tatsächlich gibt es aber zwei verschiedene Arten von Containern.

1. Die einen dienen vor allem dem Textilrecycling und die gespendeten Kleidungsstücke werden als Ware gehandelt: Sie werden in verschiedene Qualitäten eingeteilt und alles, was noch tragbar ist, wird verkauft. Der Rest wird zu etwas mit niedrigerem Wert verarbeitet, etwa zu Putzlappen oder Isolierstoffen (Down-

who made my clothes?
#WHOMADEMYCLOTHES
FASHIONREVOLUTION.ORG

cycling). Von den Kleidungsstücken, die noch tragbar sind, werden große Mengen ins Ausland verschifft, vor allem nach Afrika, Asien oder Südamerika. Das geht sehr zu Lasten der Textilindustrie vor Ort: Menschen, die hier Kleidung produzieren, bekommen sie nicht mehr verkauft, da Unmengen an günstigen Altkleidern auf dem Markt sind. Inzwischen nehmen viele Länder keine Altkleider mehr an, um ihren nationalen Markt zu schützen.

2. Und dann gibt es noch Container von Hilfsorganisationen, die die Kleidung in ihren eigenen Läden, Hilfsstationen oder Sozialkaufhäusern sehr günstig verkaufen oder spenden.

> Herauszufinden, welche Container und welche Organisationen die Kleidung wirklich an Bedürftige weitergeben, ist etwas schwierig. Ich versuche Kleidercontainer deshalb zu meiden, und wenn ich Altkleider habe, spende ich sie direkt an Organisationen und Einrichtungen vor Ort.

DER SOZIALE ASPEKT

Recht bekannt sind wohl die unmenschlichen Produktionsbedingungen in den Fast-Fashion-Fabriken. Die Arbeiter werden mit Hungerlöhnen für 14- bis 16-Stunden-Schichten an sieben Tagen pro Woche „entlohnt" (Überstunden werden selbstverständlich nicht bezahlt) und bekommen keine Schutzkleidung gestellt. In den meisten Fällen gibt es weder soziale Absicherung noch Gewerkschaften. Kinderarbeit, Diskriminierung, sexuelle Belästigung, Unterdrückung und Gewalt sind an der Tagesordnung.

Die Fabrikgebäude sind zudem oft baufällig – sicher erinnert sich jeder an die Fabrik Rana Plaza in Bangladesch, bei deren Einsturz im Jahr 2013 1134 Menschen ums Leben kamen und über 2500 verletzt wurden. Und das war kein Einzelfall, immer wieder kommt es zu Feuern oder Unfällen in den sogenannten „Sweatshops".

Auch hier gibt es **ZUM GLÜCK** Alternativen. Mittlerweile gibt es viele Marken, die wirklich faire Mode herstellen und dabei auch nachhaltig arbeiten. Natürlich bekommt man hier kein T-Shirt für 1 €, aber dennoch bezahlbare Teile. Von den gewohnten Preisen sollten wir uns ohnehin verabschieden, wenn wir nicht wollen, dass aufgrund unseres Konsums andere zu Schaden kommen.

PROBLEMATISCHE ROHSTOFFE

Ein weiterer Aspekt beim nachhaltigen Kleiderkauf sind die Materialien. Immer häufiger wird statt **NATÜRLICHEN** Stoffen Polyester oder anderes Synthetikmaterial auf Erdölbasis verwendet, was mehrere Nachteile mit sich bringt.

- Erdöl ist eine endliche Ressource.
- Die Fasern, die sich beim Waschen lösen, sind Mikroplastik und verschmutzen unsere Gewässer (s.S.21).

- Wenn die Textilien nicht mehr recycelt werden können und verbrannt werden, entsteht (unter anderem) CO_2.

Aber auch Baumwolle ist nicht ganz unproblematisch.

- Für ihren Anbau braucht man Unmengen an Wasser – für 1 kg 10.000 bis 17.000 l!
- Vor allem beim Anbau von konventioneller Baumwolle werden viele Pestizide eingesetzt, welche die Umwelt belasten und die Gesundheit der Bauern beeinträchtigen. Erkrankungen der Atemwege, der Haut, der Augen und der Nerven sowie ein hohes Risiko für Krebs, Unfruchtbarkeit oder Kinder mit Missbildungen sind die Folge.

In den Fabriken werden die Stoffe (egal welcher Art) dann mit Chemikalien und Farben behandelt. Die Gesundheit der Arbeiter wird dadurch gefährdet, da so gut wie nie Schutzkleidung gestellt wird, und da das Abwasser selten gefiltert wird, gelangen die Chemikalien ins Grundwasser und von dort in die Flüsse. Das zerstört wichtige Ressourcen für die Menschen in den Produktionsländern sowie ganze **LEBENSRÄUME**.

Und letztlich entstehen durch die Produktion und den Transport rund um die Welt jährlich 1,2 Mrd. t CO_2-Emissionen. Das ist mehr, als der gesamte internationale Flugreise- und Kreuzfahrtverkehr zusammen verursacht!

MÖGLICHKEITEN ZUR BEFREIUNG

1. Konsumverhalten hinterfragen.
Natürlich ist auch hier der erste Schritt: die Frage an dich selbst. Brauchst du wirklich noch ein Shirt? Musst du bei diesem Angebot zugreifen? Hast du nicht schon **GENUG** Kleidungsstücke im Schrank?

Viele Fast-Fashion-Marken betonen inzwischen, auf Nachhaltigkeit und faire Arbeitsbedingungen zu achten. In der Regel geschieht das aber nur auf dem Papier: Die „Maßnahmen“ werden nicht durchgesetzt und nicht kontrolliert oder man bewegt sich mit wirren Formulierungen in Grauzonen.

2. Fair & gebraucht vorziehen.
Wenn man tatsächlich neue Kleidung braucht, gibt es genug Alternativen zu neuen Teilen von den Fast-Fashion-Ketten: gebrauchte Kleidung aus Secondhand-Läden, von Kleinanzeigenportalen oder von Kleidertauschpartys. Oder Neues von **FAIREN** Labels.

3. Auf Basics setzen.
Wenn ich mir neue Kleidung zulege, wähle ich Teile, die zeitlos sind und die ich noch lange tragen kann, also Basic-Teile. Diese kombiniere ich mit ein paar „Trend-Teilen“, die ich entweder secondhand oder aus fairer Produktion erwerbe.

4. Leihen.
Oder schau doch mal in den Kleiderschrank der Verwandtschaft: Da sich Trends alle paar Jahre wiederholen, ist die Wahrscheinlichkeit hoch, dass sich hier ein paar Teile finden, die wieder modern geworden sind.

5. Mit Umsicht behandeln.
Geh **SORGSAM** mit deiner Kleidung um, sie wird es dir danken: Das richtige Waschen, Trocknen und Pflegen sorgt nämlich dafür, dass wir viel länger Freude an unseren Lieblingsstücken haben.

6. Weiternutzen lassen.
Und wenn Kleidungsstücke nicht kaputt sind, du sie aber nicht mehr haben möchtest, ist natürlich die beste Option, sie im Kreislauf zu halten. Ob man sie jetzt **VERSCHENKT**, bei Freunden eintauscht oder verkauft – das ist völlig egal, Hauptsache sie werden so lange wie möglich weitergetragen.

MÜLL-BRENNPUNKT KONSUM

Das waren die drei größten Müll-Brennpunkte im Haushalt, doch auch im restlichen Leben verursachen wir Müll. Je nach Interessensgebieten können natürlich auch noch andere Bereiche relevant sein.

OMNIPRÄSENTE ELEKTRONIK

Nehmen wir zum Beispiel das Thema Elektronik. Viele Geräte sind aus unserem Leben nicht mehr wegzudenken: Smartphones, Laptops, Tablets, aber auch Küchen- und Haushaltgeräte wie der Föhn oder das Bügeleisen.

Manchmal lohnt es sich, das Gerät reparieren zu lassen, auch wenn man für fast den gleichen Preis vielleicht ein neues bekäme. Alternativ bekommt man meistens das, was man braucht, sehr EINFACH gebraucht: Da so viele Leute regelmäßig neue Geräte kaufen, ist das Angebot an Secondhand-Geräten (oft in fast neuem Zustand) riesig.

Jedes Jahr entstehen in Deutschland 1,7 Mio.t Elektroschrott. Viele Geräte bekommt man heutzutage sehr günstig, oft dafür in sehr schlechter Qualität. Repariert wird eher selten, und ehrlich gesagt ist das auch oft schwierig für den Laien. Häufig bekommt man keine Ersatzteile, und da ein neues Gerät so günstig ist, scheint das Ersetzen oft die beste Option. Es kommt aber auch immer wieder vor, dass wir uns von Elektronik trennen, die noch sehr gut nutzbar wäre. Es kommt zum Beispiel ein neues Smartphone raus, und schon wird das alte, dabei noch voll funktionstüchtige Modell ausgetauscht.

Besonders bei Elektronik überlege ich mir vor der Anschaffung sehr gut, ob ich wirklich etwas Neues brauche. Die Produktion neuer Geräte ist nicht nachhaltig. Die Rohstoffbeschaffung belastet die Umwelt und geschieht nicht selten unter menschenunwürdigen Bedingungen, häufig sogar mithilfe von Kinderarbeit, und auch die Produktion selbst ist kritisch zu betrachten.

SCHULE, ARBEIT, SCHRIFTVERKEHR

Früher quoll mein Altpapiereimer regelmäßig über: kostenlose Zeitungen, Werbeprospekte,

Beats & Burritos
Lagos * Portugal
made kind
www.madekind.de

Behördenbriefe, Unterlagen für Schule oder Uni… Das lässt sich ganz einfach vermeiden.

1. Ein „Bitte keine Werbung und Zeitungen"-Aufkleber auf dem Briefkasten reduziert den Papiermüll mitunter drastisch.
2. Bei vielen Dokumenten für die Schule, die Uni oder die Arbeit reicht es aus, sie digital vorliegen zu haben. Als ich das umgestellt habe, merkte ich schnell, dass digital sogar einfacher ist: keine verlegten Papiere mehr, keine Druckerkosten und keine Platzprobleme, weil unzählige Ordner aufbewahrt werden müssen.
3. Auch Mitteilungen von Behörden, Versicherungen etc. kann man sich digital zukommen lassen.
4. Kartons von Bestellungen sollte man aufbewahren und weiternutzen, wenn man zum Beispiel etwas verkauft und verschicken muss. **HOCHWERTIGE** Kartons verziere ich und nutze sie als nachhaltige Geschenkverpackungen.

FREIZEIT UND VERPFLEGUNG UNTERWEGS

Beim Thema Freizeit waren bei mir zum Beispiel CDs, DVDs und Bücher ein Thema: Viele habe ich nur einmal gehört, angesehen oder gelesen, danach standen sie im Regal. Verkaufen ist hier meist schwierig, aber Verschenken geht eigentlich immer. Bevor man sich hier etwas kauft, könnte man auch folgende Optionen ausprobieren:

- Wenn man ein Buch nur einmal lesen möchte, kann man sich die E-Book-Version kaufen, so muss nicht extra ein Buch produziert werden. Aber Achtung: Damit ein E-Book-Reader nachhaltiger ist als Bücher aus Papier, müssen mindestens 40 Bücher damit gelesen werden.
- Auch die städtische Bibliothek ist eine gute Alternative, übrigens auch für DVDs und CDs.

Unterwegs essen betrifft aber wohl jeden: Coffee-to go, das Brötchen auf dem Weg zur Arbeit, die Mittagspause am Imbiss … Hier sammelt sich schnell eine Menge Müll an. Denke um:

- Nimm Kaffee im Thermobecher, eine gefüllte Trinkflasche und die Stulle in der Brotdose von zuhause mit, das ist meist **GESÜNDER** und immer günstiger.
- Für den Fall, dass du doch zum Bäcker musst, trage immer einen Becher und einen Beutel bei dir, um das Getränk und die Backwaren müllfrei mitnehmen zu können.

Auch beim Essen gehen fällt Müll an, etwa Strohhalme, Servietten, Verpackungen, um Reste mitzunehmen. Die ersten beiden Dinge spart man ganz einfach ein, indem man bei der Bestellung sagt, dass man beides nicht braucht. Und für die Essensreste bietet sich eine mitgebrachte Dose an.

MINIMALISMUS, MEIN LEBENSPRINZIP

Minimalismus bedeutet für mich ein Leben, in dem ich nur noch Dinge habe, die mir Freude bereiten und die meinem Leben einen tieferen **SINN** geben. Mit Dingen meine ich nicht nur Materielles (s.S.58), sondern auch Angewohnheiten, Beziehungen oder meine Arbeit – einfach alles, womit ich mich umgebe und womit ich meine Zeit verbringe. Natürlich ist nicht immer alles angenehm und es gibt Aufgaben, die man lieber von seiner Liste streichen würde. Aber mir ist es wichtig, dass ich mein Leben so gestalte, dass ich jeden Tag **GENIESSEN** kann und nicht nur aufs Wochenende oder den Urlaub warten muss.

Die letzten Jahre habe ich mir viele Gedanken darüber gemacht, was ein sinnerfülltes Leben für mich bedeutet. Was mir **FREUDE** macht, wie ich gerne meine Zeit verbringe, was mich auf Dauer weiterbringt und mich wirklich langfristig glücklich macht.

ALLES DA – WARUM BIN ICH NICHT GLÜCKLICH?

In meinem Leben gab es wirklich einiges an Chaos. Überall lagen Dinge:

- Dinge, die ich gekauft habe, weil ich dachte, dass sie mich glücklich machen.
- Klamotten, von denen ich dachte, sie würden mir dabei helfen, mich als jemand zu präsentieren, der ich gerne wäre.
- Dekorationen, von denen ich dachte, ich würde sie in meinem Zuhause brauchen, um mich wohl zu fühlen.
- Kosmetik, ohne die ich mich tatsächlich lange Zeit nicht wohl fühlte.

Ich habe sehr viele Dinge angesammelt in der **HOFFNUNG**, dass sie irgendetwas für mich tun würden, dass sie irgendetwas verändern würden. Und oft hatte ich in der ersten Zeit, nachdem ich etwas Neues gekauft hatte,

> Ich bin überzeugt davon, dass das Äußere auf das Innere wirkt und umgekehrt. Wenn Chaos in meiner Umgebung herrscht, ist auch Chaos in mir. Daher ist Minimalismus auch für Geist und SEELE besser, nicht nur für den Planeten.

auch das Gefühl, dass es geklappt hat. Aber schon kurze Zeit später dachte ich wieder, dass mir noch etwas fehlt zu meinem **GLÜCK**.

Es ist wahrscheinlich keine Überraschung, dass mein Konsumwahn mir nicht das geben konnte, was ich mir eigentlich unbewusst immer gewünscht habe: **ZUFRIEDEN** mit mir selbst zu sein, innere Ruhe zu finden, glücklich zu sein. Einen tieferen Sinn im Leben zu finden, erfüllende Beziehungen zu haben, meinen Träumen nachzugehen und voranzukommen. Die neue Kleidung machte mich nicht selbstbewusster, das Make-up änderte nichts an meinem Äußeren, das mir nicht gefiel, die Einrichtung gab mir kein Gefühl von Zuhause. Obwohl die Schränke voll waren, wusste ich immer, dass etwas fehlt. Und am Ende saß ich oft inmitten all dieser Dinge und fühlte nur Leere. Ich konnte es einfach nicht verstehen: Ich hatte doch alles, was man braucht, warum war ich nicht glücklich?

ALLES DA – ALLES ZU VIEL

Ein weiteres Gefühl war die Überforderung. Ständig musste ich irgendetwas suchen und aufräumen. Überall lagen Dinge, für die ich keinen Platz und größtenteils auch keine Verwendung hatte. Sie machten mich nicht glücklich, sondern erzeugten Stress. Dadurch, dass ich von so vielen Sachen umgeben war, fiel es mir unglaublich schwer, zur Ruhe zu kommen. Eigentlich konnte ich nur abschalten, wenn ich einschaltete, also Fernseher oder Computer an und berieseln lassen. Neben materiellen Dingen konsumierte ich also auch sehr stark Medien. Dort sah ich Menschen, die **SORGLOS** und zufrieden wirkten, und versuchte ihnen nachzueifern. Das endete, nun ja, in noch mehr Konsum. Immer war es da, dieses Bedürfnis nach mehr, und gleichzeitig das Wissen, dass es nichts bringt und ich es mir auch nicht leisten kann. Das Gefühl von Mangel und gleichzeitig von Zuviel war mein ständiger Begleiter.

> Konsumwahn ist eine Endlosschleife. Egal was man hat, man sieht immer noch etwas Neueres, Besseres, Teureres, und man braucht es. Dringend. Für die meisten heißt das: noch mehr Arbeit, noch mehr Überstunden, noch mehr Geld verdienen. Und trotzdem hört es nie auf, kaum ist ein „Ziel" erreicht, taucht das nächste auf am HORIZONT.

Irgendwann steht man dann vor dem teuren Haus, dem schicken Auto und dem ganzen Krempel und fragt sich: Wofür das alles? Man blickt zurück und bemerkt, dass man fast seine komplette Zeit mit Dingen verbracht hat, die einem nichts bedeuten. Der Konsum wurde benutzt, um Löcher zu stopfen, die man nicht mit Konsum stopfen kann. Und in dieser Zeit hat man vielleicht Familie und **FREUNDE** vernachlässigt, die Gesundheit hat unter all der Arbeit gelitten, und die persönliche Entwicklung, Ziele und **TRÄUME** sind auf der Strecke geblieben. Aber wie geht es anders? Wie kann man wirklich glücklich werden ohne ständigen Konsum und Streben nach mehr?

DOCH WAS MACHT WIRKLICH GLÜCKLICH?

Auf der Suche nach Glück und einem sinnerfüllten Leben sollten die ersten Fragen sein:

- Was möchtest du eigentlich?
- Was möchtest du täglich machen?
- Was macht dir **SPASS**? Gibt es Dinge, die du früher gerne gemacht hast, die dir jetzt auch noch Freude bereiten?
- Welche Dinge tust du nicht, weil du musst, sondern einfach, weil du willst?
- Wie stellst du dir einen **PERFEKTEN** Tag vor? Male es dir im Detail aus, von morgens bis abends. Was du machst, was du isst, wo du bist, wie du dich fühlst, mit wem du deine Zeit verbringst. Nimm dir wirklich Zeit dafür!

Wenn man jetzt immer noch keine **ANTWORT** auf die Frage hat, was man eigentlich möchte, kann es helfen, darüber nachzudenken, wen man bewundert.

- Gibt es jemanden, zu dem du aufsiehst, dessen Mut dir imponiert oder dessen dessen Lebensweise dich beeindruckt?
- Was genau ist es, was du an dieser Person bewunderst?
- Was erlebt diese Person, was du auch gerne erleben würdest?

Und wenn man diese Fragen beantwortet hat, ist man seinem persönlichen **GLÜCK** schon ein ganzes Stück nähergekommen. Mir hilft es, diese Dinge aufzuschreiben.

Viele Menschen haben vergessen, was sie wirklich WOLLEN. Dann kann es helfen, umgekehrt zu denken: Wir können häufig leichter die Dinge benennen, die wir nicht möchten. Ich möchte zum Beispiel nicht an einen Ort gebunden sein, nicht an etwas arbeiten, das ich ethisch nicht vertreten kann, und nicht jeden Tag das Gleiche machen.

AUS DER TRAUM!?

Wir alle haben Träume. Manche träumen mehr und ihr Leben lang, andere hatten vielleicht in ihrer Kindheit große Träume und haben sie irgendwann aufgegeben. Und dann gibt es noch die Menschen, die ihre **TRÄUME** leben. Aber was unterscheidet die von den anderen? Warum geben so viele Menschen ihre Träume auf?

Meistens beginnt es schon in der Kindheit oder in der Jugend. Wir erzählen unseren Eltern, was wir **GERNE** mal werden wollen. Künstler, Schriftsteller, Musiker… Oder auch Astronaut! Und häufig kommt dann als Antwort: „Das ist doch kein richtiger Beruf." Spätestens wenn es ernst wird und man sich eine Ausbildung oder einen Studiengang aussuchen soll, wird die Kritik lauter. „Damit kannst du kein Geld verdienen." „Das ist doch nur ein Hobby." „Lern etwas Richtiges."

In der Regel sind diese Aussagen nicht böse gemeint, man möchte doch nur den besten Ratschlag geben. Aber was ist „das Beste"? Aus Angst davor, dass die anderen Recht haben könnten, dass wir vielleicht ein Leben ansteuern, welches uns am Ende nicht versorgen kann, lassen wir unsere Träume ruhen und suchen uns einen „vernünftigen" Beruf. In

den ersten Jahren denkt man vielleicht noch oft an seine Träume, aber je mehr Zeit vergeht, desto mehr wachsen die Angst davor und die Zweifel daran und an sich selbst. Und wenn man dann auf andere Leute trifft, die genau das **LEBEN** leben, das man sich erträumt hatte, findet man Gründe, warum das bei einem selbst nicht geklappt hätte.

HEY, TRÄUM MAL WIEDER!

Irgendwann (hoffentlich früh genug) kommt man aber an einen Punkt, an dem man sich fragt: Lebe ich das Leben, das ich leben möchte? Dafür müsste man in der Regel seine Komfortzone verlassen. Man müsste Dinge ausprobieren, die man noch nie getan hat, Risiken eingehen, etwas tun, obwohl man viel Gegenwind bekommt. Aber egal, wie viele

Der Punkt, an dem du deine Selbstzweifel und negativen Glaubenssätze („Ich kann das nicht." „Ich bin nicht die richtige Person dafür.", etc.) aufgibst und aufhörst, Kompromisse mit dir selbst zu machen, ist der Punkt, an dem du anfangen kannst, deine Träume zu leben.

Freunde und Verwandte vielleicht von den eigenen Träumen abraten: Die einzige Person, die einen wirklich zurückhält, ist man selbst.

Für mich hat die Erfüllung der eigenen Träume viel mit **SELBSTLIEBE** zu tun. Ich möchte das Leben führen, das ich mir für mich selbst erträume,

- weil ich mich liebe;
- weil ich ein solches Leben verdient habe;
- weil ich es verdient habe, glücklich zu sein.

Ich finde, das ist eine wichtige Erkenntnis. Zu oft leben wir für andere Personen. Dabei würde etwas mehr Selbstliebe uns allen guttun.

Und Selbstliebe hat absolut nichts mit Egoismus zu tun. Es heißt nicht, dass man nur noch an sich selbst denkt, niemandem mehr hilft oder zur Seite steht. Es heißt einfach, dass man alles für sein persönliches Glück tut. Ein Sprichwort dazu, das ich besonders gerne mag, ist: „You can't pour from an empty cup." „Wenn dein Gefäß leer ist, kannst du niemandem etwas ausschenken."

Also: Umso mehr du dich um dich selbst **KÜMMERST** (und so dein Gefäß füllst), umso mehr kannst du anderen helfen und Positives in die Welt bringen.

SCHRITT FÜR SCHRITT ZUM ZIEL

Wenn man sich also entschieden hat, dass man etwas in seinem Leben verändern möchte, kommt man zu der ganz praktischen Frage: Wie mache ich das? Die Veränderung, die man anstrebt, ist natürlich sehr **INDIVIDUELL**. Der eine möchte vielleicht mehr Zeit mit der Familie verbringen, während der andere ein neues Hobby oder eine neue Karriere anstrebt. Aber egal was man sich wünscht, es wird nicht von selbst eintreten. Du musst es angehen, etwas dafür tun.

Ich persönlich finde es eine gute Methode, das Ziel rückwärts zu durchdenken. Wenn ich zum Beispiel ein Instrument lernen möchte, ist der letzte Punkt, das Instrument zu spielen. Davor muss ich regelmäßig üben, einen Lehrer finden, mir Zeit in meinem Alltag **FREIRÄUMEN**. Und davor muss ich mir das Instrument und die Übungsmaterialien besorgen und das Geld dafür beiseitelegen.

Umso kleiner man diese Schritte gestaltet, umso besser. So merkt man, dass ein Ziel, das vielleicht erst einmal riesig groß erscheint, doch sehr gut zu bewältigen ist: Man muss es einfach nur **SCHRITT** für Schritt angehen. Klavier spielen lernen hört sich erstmal nach viel an, aber sich jeden Tag 15–20 Minuten dafür hinzusetzen, ist doch sehr machbar.

Manche Schritte werden Mut erfordern. Die Wohnung zu kündigen, um ein neues Leben in der Traumstadt anzufangen, ist zunächst angsteinflößend. Aber genau das ist der Punkt, an dem man nicht aufgeben darf. Man muss sich ein HERZ fassen. Sonst bleibt es immer, was es ist: okay, nicht mehr.

GUTE ROUTINEN SCHAFFEN

Wenn man sich auf den Weg zu seinem Ziel macht, sollte man seinen Alltag genau unter die Lupe nehmen. Passt das, was ich jeden Tag tue, zu dem, was ich erreichen möchte? Arbeite ich täglich daran, meinem Ziel **NÄHER** zu kommen, wenn auch nur ein kleines Stück? Nur wenn man seine Gewohnheiten seinem Ziel anpasst, kann man es wirklich erreichen. Wenn man seine körperliche Fitness verbessern möchte, bringt es nichts, einmal im Monat aufs Laufband zu gehen. Regelmäßigkeit und Stetigkeit sind die **ZAUBERWORTE**. Aber etwas an den eigenen Gewohnheiten zu verändern, ist gar nicht so einfach. Meistens haben sie sich über Jahre verfestigt und es ist wirklich schwer, so ein System zu durchbrechen. Hier kann es helfen, wenn man sich fragt, was zu den schlechten Angewohnheiten führt und wie man es schafft, sie durch gute Angewohnheiten zu ersetzen.

Das sind oft kleine Dinge und Ideen: Wenn ich zum Beispiel abends immer stundenlang Serien streame, eigentlich aber **LIEBER** lesen würde, könnte ich einfach das Streaming-Abo kündigen und mir ein Buch neben das Bett legen. Eine andere Technik, die ich ganz gerne anwende, ist das Verknüpfen von Angewohnheiten. Wenn ich also schon die Angewohnheit habe, abends einen Spaziergang zu machen, und mein Ziel ist es, täglich Yoga zu machen, dann verknüpfe ich diese beiden Dinge und mache jeden Tag nach dem Spaziergang Yoga. So muss ich mich nicht mehr fragen, wann und wo ich meine neue Angewohnheit in den Alltag integriere, und es wird sehr viel einfacher, sie tatsächlich auszuüben.

So kann man sich nach und nach Routinen aufbauen, die dem Leben entsprechen, das man führen möchte. Und ehe man sich's versieht, lebt man genau das Leben, das man sich gewünscht hat!

NUR GUTE BEZIEHUNGEN ZULASSEN

Wenn man ein glückliches Leben führen möchte, gibt es neben der Selbstverwirklichung noch einen weiteren wichtigen Aspekt: Beziehungen. Wir alle wüschen uns **NÄHE** und erfüllende Beziehungen. Mit Beziehungen sind Beziehungen jeglicher Art gemeint: zum Partner, zu Familienmitgliedern, zu Freunden oder auch zu Kollegen. Mit diesen Menschen haben wir täglich zu tun und dieser Umgang hat einen erheblichen Einfluss auf uns und unser Leben. Unser persönliches **GLÜCK** kann durch sie gefördert, aber auch ausgebremst oder sogar verhindert werden. Daher ist sehr wichtig, dass man sich genau damit beschäftigt, mit wem man sich umgibt und welchen Einfluss man in sein Leben lässt.

Schädliche Beziehungen können ganz unterschiedlich aussehen. Natürlich ist eine Beziehung, in der körperliche oder psychische Ge-

Das klingt zunächst sehr hart, und als ich zum ersten Mal davon hörte, dachte ich auch: „Ich kann doch keine Menschen aussortieren." Aber mit der Zeit habe ich gemerkt, dass es tatsächlich Beziehungen gibt, die einem nicht guttun. Und es ist nicht verwerflich, sich von Menschen zu distanzieren, deren GESELLSCHAFT einem selbst eher schadet.

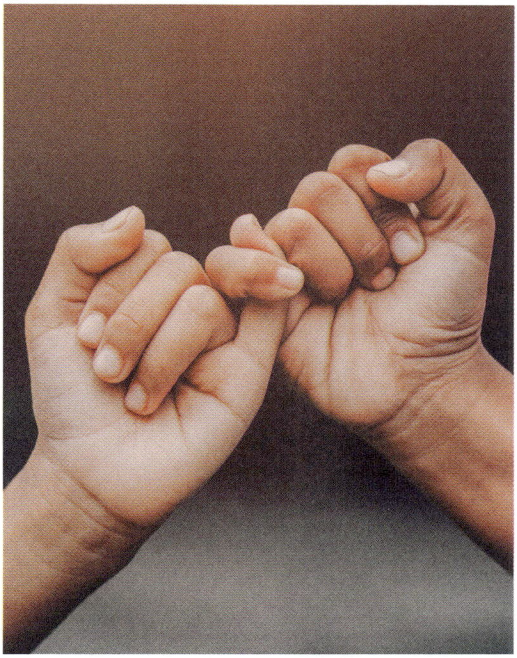

walt eine Rolle spielt, absolut schädlich, das ist ein klarer Fall. Aber auch andere, harmlosere Dinge, die einem im Alltag vielleicht gar nicht so sehr auffallen, können eine große Wirkung haben. Etwa wenn jemand deine Meinung und deine Entscheidungen nicht respektiert. Wenn jemand immer versucht, dich klein zu halten und dir deine **TRÄUME** auszureden. Wenn jemand sich nicht für deine Erfolge interessiert oder dich immer wieder dazu bringt, schlechten Angewohnheiten nachzugehen. Wenn deine Gefühle und Wünsche ignoriert werden. Oder wenn sich jemand vor anderen über dich lustig macht.

GUTE BEZIEHUNGEN ERKENNEN

Egal ob Familie, Freunde oder Partner, die Menschen in unserer Nähe sollten einen positiven Einfluss auf uns haben. Ich bin der Meinung, in guten Beziehungen

- wird das Beste in uns zum Vorschein gebracht und wir werden andersherum auch dazu gebracht, anderen zu helfen, ihre beste Seite zu erkennen und zu zeigen;
- stehen Vertrauen und Respekt an erster Stelle. Man muss nicht immer einer Mei-

Wenn man merkt, dass man sich in der Nähe einer Person anders verhält, sich selbst klein macht, sich nicht traut, Gedanken oder Wünsche zu äußern, dann lohnt es sich auf jeden Fall, diese Beziehung auf den Prüfstand zu stellen.

nung sein, aber die Meinung des anderen muss respektiert und akzeptiert werden, und Vertrauen darf nicht missbraucht werden;

- hört man einander zu und unterstützt sich gegenseitig dabei, Ziele zu erreichen;
- ermutigt man sich gegenseitig, sich zu entfalten, und wird inspiriert;
- fühlt man sich wahrgenommen, akzeptiert und sicher.

Natürlich hängt das Glück in Beziehungen nicht nur vom Gegenüber ab. Auch selbst sollte man immer sein **BESTES** geben, um für andere eine positive Person zu sein, und sich so verhalten, wie man selbst behandelt werden möchte.

DANKBARKEIT UND ACHTSAMKEIT

Was bei all den Veränderungen nicht vergessen werden sollte, ist die **DANKBARKEIT** für alles, was man hat. Ohne sie bleibt man in dem Teufelskreis von „mehr erreichen und noch mehr wollen" gefangen. Denn auch wenn man größtenteils aufhört zu konsumieren und glücklich ist mit dem, was man besitzt, verlagert sich dieses Muster schnell in andere Bereiche. Man wird vielleicht extrem perfektionistisch und versucht ständig, sich selbst zu optimieren, seine Beziehungen zu verbessern und so weiterzukommen. Weiterentwicklung ist gut, das Versteifen darauf eher weniger.

Ich versuche daher, nicht verbissen auf meine Ziele hinzuarbeiten, sondern ein glückliches Leben zu meinem Ziel zu machen. Wenn ich jeden Tag so lebe, dass ich damit zufrieden bin, muss ich gar nichts „erreichen". So macht mich nicht erst das Ergebnis glücklich, sondern schon der **WEG** dorthin.

Dankbarkeit ist erlernbar. Je mehr man sich damit beschäftigt, desto mehr merkt man, dass es unzählige Dinge gibt, für die man dankbar sein kann. Mir hat es sehr geholfen, mich mehrmals am Tag zu fragen, wofür ich gerade in diesem Moment dankbar bin. Und ich habe versucht möglichst immer etwas zu benennen, was ich vorher noch nicht genannt habe.

Auch Achtsamkeit hängt mit Minimalismus zusammen. Es geht darum, im Moment anzukommen und wahrzunehmen, was passiert, im Außen wie im Innen. Dabei wird nicht gewertet, nur gespürt. Oft sind wir wie in einem Rausch aus Arbeit und Stress, mit den Gedanken immer schon bei dem, was als Nächstes kommt. So verlieren wir, obwohl wir ständig vernetzt sind, den **KONTAKT** zu unserer Umwelt und auch zu uns selbst. Mit einem achtsamen Leben kannst du dieses Verhalten durchbrechen.

Probiere es doch mal mit Gedanken beobachten. Konzentriere dich 5 Minuten nur auf deine Atmung. Jeder Gedanke, der kommt, wird wahrgenommen, akzeptiert und losgelassen. Versuche dabei, keinen Gedanken weiterzuverfolgen oder zu bewerten. So kannst du feststellen, was du gerade überhaupt fühlst, bevor du einfach impulsiv reagierst.

DAS ZWEITE R: REDUCE

REDUZIEREN

AUSSORTIEREN IST DAS NEUE SCHWARZ

Das zweite R, Reduce, bezieht sich darauf, dass wir sowohl Dinge reduzieren, die wir schon besitzen, als auch Dinge, die wir neu konsumieren. So verkleinern wir zum einen unseren Müllberg und **VEREINFACHEN** zum anderen unser Leben. Als ich mit dem Minimalismus angefangen habe, habe ich mich erstmal gründlich mit den materiellen Dingen in meinem Leben beschäftigt. Ich denke, wir alle haben viel zu viele Dinge, die ungenutzt herumstehen und nur Platz und Zeit kosten. Darum machen wir uns nun ans Aussortieren.

Es ist hilfreich, wenn man sich zunächst ein **ZIEL** setzt. Frage dich dafür:

- Was möchtest du mit dem Aussortieren erreichen?
- Was für ein Leben möchtest du nach dem Aussortieren führen?
- Wie wirst du dich fühlen, wenn du weniger besitzt?

Nimm dir ein paar Minuten Zeit und schreibe die Antworten auf diese Fragen in Ruhe auf. Vielleicht kommt dir das übertrieben vor, aber diese Aussagen sind eine **SUPER** Entscheidungshilfe, wenn du mal nicht weiterweißt. Ich persönlich hatte mehrere Ziele für mein minimalistisches Leben: Ich wollte mehr Ordnung, weniger Aufräumen müssen, nur so viele Dinge haben, dass alles einen festen Platz findet, und ich wollte nichts mehr besitzen, was ich nicht benutze und was mir keine Freude macht.

LEG LOS – DIE BEFREIUNG LIEGT IN DEINER HAND!

Überlege dir für jeden einzelnen Bereich, nach welchen Kriterien du aussortieren möchtest. Auf den folgenden Seiten gebe ich dir ein paar Hilfestellungen für Fragen, die dir dabei helfen können.

KLEIDUNG & KOSMETIK

Ich habe mir neben den folgenden Fragen noch ein paar mehr gestellt, und da bei mir **BESONDERS** viele Teile vorhanden waren, habe ich auch mehrere Anläufe gebraucht. Wenn man aber alle Fragen durchgeht und wirklich ehrlich zu sich ist, kann man schon beim ersten Mal gut vorankommen.

1. Passt es mir noch?
Ich wollte nur Kleidungsstücke behalten, in denen ich mich gut und selbstbewusst fühle. Gleichzeitig mussten sie **BEQUEM** sein und passen. Also kam alles weg, was zu groß, zu klein oder sehr abgenutzt war, und alles, worin ich mich unwohl gefühlt habe.

2. Brauche ich sie alle?
Ich habe alle Stücke aussortiert, von denen ich viel zu viele hatte. Früher hatte ich bestimmt 20 Paar Schuhe, von denen aber die wenigsten getragen wurden. Dann gab es Teile, die mir zwar optisch gut gefielen, die aber nicht meinem Stil entsprachen und deshalb nie getragen wurden. Auch wenn es mir anfangs schwerfiel, noch neue Kleidungsstücke auszusortieren, bereue ich keine einzige Entscheidung.

3. Wird es mir fehlen?
Wenn ich mir bei einem Teil nicht **SICHER** war, ob ich es behalten wollte, packte ich es in eine Kiste, die ich im Keller verstaute. Für diese Kiste galt: Wenn ich das Teil in den nächsten Monaten nicht vermisse, kommt es weg.

4. Was ist drin?
Bei Kosmetik habe ich einmal alles aussortiert, was für mein Empfinden schlechte Inhaltsstoffe enthielt. Damit fiel schon der Großteil weg.

5. Was benutze ich überhaupt?
Dann überlegte ich, was ich wirklich brauche und benutze. Schnell fiel auf, dass nur eine Handvoll Produkte wirklich täglich im Gebrauch waren.

6. Was nutzt mir?
Produkte, die mir nicht gefielen oder die bei mir nicht funktionierten, wurden ebenfalls aussortiert.

Bücher, Elektronik, Küchengeräte

1. Klassiker oder Einmalgenuss?
Bei Büchern war für mich das Hauptkriterium, ob ich vorhabe, sie noch einmal zu lesen. Das traf bei den wenigsten zu, weshalb ich den Großteil meiner Sammlung weggegeben habe. Die Bücher, die ich jetzt noch habe, sind nur meine absoluten Lieblingsbücher und welche, in denen ich regelmäßig etwas nachschlage, außerdem meine liebsten Kochbücher.

2. Was nutzt mir?
Bei Haushaltsgeräten habe ich mich weniger gefragt, ob mir die Dinge Freude bereiten, sondern ob sie gebraucht und benutzt werden. Etwa 80% der Dinge, die ich ursprünglich für nützlich hielt, haben sich einfach nur zu Gerümpel entwickelt, das mir den Alltag dadurch erschwert hat, dass es überall herumlag und ständig weggeräumt werden musste. Das befreiende Gefühl, etwas aus meinem Küchenschrank zu holen, ohne vorher alles ausräumen zu müssen, möchte ich nicht mehr missen.

3. Ist der Gebrauch für mich gesund?
Unterhaltungselektronik ist für mich ein heikles Thema. Ich habe mein Leben lang sehr viel Zeit damit verbracht: zuerst mit Fernsehen und Videospielen, dann mit Streaming, Social Media und meiner Arbeit. Wie sehr mich das von der „realen Welt" entfernt hat, habe ich erst gemerkt, nachdem ich zwei Monate komplett offline war. Danach habe ich entschieden, mich zu trennen: von Fernseher und Konsolen und von meinem Streaming-Abo.

SENTIMENTALE GEGENSTÄNDE

Bei Fotos, Erinnerungsstücken und Geschenken schleicht sich besonders oft das Gefühl ein, dass man so etwas nicht aussortieren kann. Doch das ist nicht der Fall.

1. Schaue ich mir das nochmal an?
Nehmen wir Urlaubsfotos: Früher habe ich auf Reisen viele Fotos von Sehenswürdigkeiten gemacht. All diese Bilder habe ich nun aussortiert. Ich brauche kein Foto von einem Gebäude, um mich an einen Urlaub zu erinnern. Und falls doch, gibt es im Internet genug Bilder davon zu sehen. Ich behalte nur Fotos, bei denen ich eine positive **EMOTION** spüre, also welche von mir zusammen mit meiner Familie oder meinen Freunden oder an einem besonders schönen Ort.

Tatsächlich habe ich fast aufgehört, auf Reisen Fotos zu machen. Meistens ist es viel schöner, den Moment einfach zu genießen, als erst noch die Kamera rauszuholen für ein Bild, das man sich wohl eh nie mehr anschaut.

2. Was verbinde ich damit?
Wenn es dir bei Erinnerungsstücken schwerfällt, sie auszusortieren, frage dich, warum das so ist: Warum hältst du daran fest? Macht dich der Gegenstand wirklich glücklich? Bei mir war es meistens so, dass ich an einer vergangenen Zeit oder Beziehung festhalten wollte. Bei genauerem Hinsehen bereitete mir das Behalten also keine Freude, es machte mich im Gegenteil eher traurig. Nach dieser **ERKENNTNIS** merkte ich, wie erleichternd es doch war, diese Dinge nicht mehr zu haben.

3. Erfreut es mich?
Geschenke, die man nicht mag, behält man meist nur aus schlechtem Gewissen. Versuche es doch mal so zu sehen: Der Sinn des Geschenks war, dir eine **FREUDE** zu machen. Als du es bekommen hast, hast du dich auch gefreut, über die Geste. Dass dich der Gegenstand jetzt belastet, war nicht im Sinne des Schenkenden. Also ist es auch in Ordnung, das Geschenk weiterzugeben.

WOHIN MIT DEM KRAM?

Jetzt ist die Frage, was wir mit den ganzen aussortierten Dingen machen. Ich weiß nur zu gut, wie überfordernd es sein kann, wenn man vor einem Berg an Dingen steht, die man nicht mehr haben möchte, aber nicht weiß wohin damit! Die Versuchung, alles einfach in einen Sack zu packen und in den Container zu werfen, ist groß. Mindestens genauso groß ist aber die Wahrscheinlichkeit, dass das Allermeiste, was wir aussortiert haben, für andere noch **NÜTZLICH** ist. Deshalb hier ein kleiner Leitfaden, wie man Aussortiertes möglichst nachhaltig entsorgt.

1. Kleidung

Halte sie möglichst lange im Umlauf (s.S.36). Das bedeutet: waschen, notwendige Reparaturen machen, **WEITERGEBEN** – über einen Secondhand-Laden, online oder auf dem Flohmarkt verkaufen, eine Kleidertauschparty veranstalten oder an Hilfseinrichtungen spenden.

2. Kosmetik

Von meiner Kosmetik habe ich den Großteil (natürlich nur das, was noch in Ordnung war) in eine große „Zu verschenken"-Kiste gepackt und vor die Haustür gestellt. Nach wenigen Stunden hatte alles ein neues Zuhause gefunden. Natürlich gibt es auch hier die Option, Kosmetika auf Flohmärkten oder online zu verkaufen oder zu **VERSCHENKEN**. Vieles kann man auch an Familie und Freunde weitergeben, meistens findet sich schnell jemand, der die Produkte noch gebrauchen kann. Hygieneprodukte wie Duschgel werden auch gerne von Hilfseinrichtungen angenommen. Einfach mal nachfragen! Produkte, die Mikroplastik enthalten, sollten allerdings verpackt im Restmüll entsorgt werden, damit das Mikroplastik nicht in die Gewässer gelangt.

3. Bücher

Ich finde, Bücher sind immer **TOLLE** Geschenke, ob nagelneu oder gebraucht in gutem Zustand. Auch hier kann man unter Freunden eine Büchertauschparty veranstalten, bei der alle ihre ausgelesenen Bücher mitbringen. So hat jeder was davon. In vielen Städten und Dörfern gibt es außerdem Bücherschränke, in die jeder Bücher hineinlegen und nach Belieben welche heraus- und mitnehmen kann. Weiterverkaufen, sowohl auf Flohmärkten als auch online, ist natürlich auch eine Option, und manchmal nehmen auch Bibliotheken oder Kindertagesstätten Bücher an. Einfach mal nachfragen.

4. Haushaltsgegenstände

Hier kommt es sehr darauf an, was man aussortiert hat. Geschirr, Pfannen und Töpfe oder auch Elektronikgeräte wie Waffeleisen kann man meistens noch **GUT** weiterverkaufen. Mir persönlich war das zu viel Aufwand, also habe ich auch hier wieder die „Zu verschenken"-Kiste bemüht. Die Utensilien und auch Textilien wie Gardinen oder Bettwäsche sind außerdem in Sozialkaufhäusern sehr gerne gesehen.

5. Elektronikgeräte

Ganz wichtig: Kaputte Geräte gehören nicht in den Restmüll, sondern auf den Wertstoffhof. Noch funktionierende Elektronik kann man verkaufen, oft zwar nur noch für einen Bruchteil des Neupreises, aber wenn das Gerät nur ungenutzt herumsteht, nutzt es ja noch weniger. An Freunde verschenken ist natürlich auch eine gute Idee. Für alte Handys gibt es übrigens noch eine Möglichkeit: In vielen Städten gibt es Handy-Sammelboxen, in die man seine Geräte **SPENDEN** kann. Hier wird darauf geachtet, dass die Handys umweltgerecht recycelt und möglichst viele der wertvollen Rohstoffe darin wiederverwendet werden. Einige Betreiber spenden zudem für jedes gesammelte Gerät an Umweltschutzprojekte.

6. Lebensmittel

Lebensmittel, die noch essbar sind, sollten niemals einfach weggeworfen werden (s.S.29)! Versuche stets, sie aufzubrauchen oder zu **TEILEN**. Und lass dich nicht vom Mindesthaltbarkeitsdatum in die Irre führen: Abgelaufene Lebensmittel sind nicht sofort ungenießbar!

SELBER MACHEN STATT KAUFEN!

Um die Dinge im Alltag zu ersetzen, auf die wir nicht verzichten können oder wollen, die aber trotzdem Müll produzieren, gibt es noch eine Möglichkeit: Selber machen! Ich habe die letzten Jahre auf der Suche nach müllfreien Optionen sehr viel herumexperimentiert – vieles ist gescheitert, einiges geglückt. Es fiel mir schwer, eine Auswahl der Anleitungen zu treffen, da es so viele tolle Alternativen gibt. Daher stelle ich dir hier nur meine **LIEBLINGS-ALTERNATIVEN** zum Selbermachen für die Küche und den Haushalt sowie natürlich fürs Badezimmer vor. Ich habe darüber hinaus noch einiges mehr ausprobiert, von dem ich aber auch manches dann doch nicht benutzt habe. Die folgende Auswahl empfinde ich als sehr gute Grundlage für alle Bereiche, um noch mehr Müll zu sparen.

Die Alternativprodukte hier sind wirklich nur die, die ich nahezu täglich nutze und von denen ich glaube, dass die meisten Menschen sie gebrauchen können. Bitte denke aber vorher trotzdem kurz nach, ob du etwas wirklich brauchst. Auch beim SELBERMACHEN sollten wir keine Ressourcen verschwenden.

Die Zutaten für die Alternativen auf den folgenden Seiten habe ich fast alle entweder bei mir regional im Bio- und Unverpackt-Laden bekommen oder draußen in der **NATUR** gesammelt. Manche hatte ich auch einfach schon zuhause. Nur ganz wenige Dinge habe ich online bestellt, und das finde ich auch legitim, da man durch das Produkt, das man damit herstellt, viel Müll einspart, sodass es sich für die Umwelt letztendlich lohnt. Und jetzt viel Spaß beim Ausprobieren!

PRIMA FOLIENERSATZ GANZ OHNE BIENE!

Wachstücher sind aus meiner Küche nicht mehr wegzudenken. Sie sind eine **TOLLE** Alternative zu Frischhaltefolie, komplett plastikfrei und super einfach selber zu machen. Sehr häufig werden solche Wachstücher mit Bienenwachs hergestellt. Da Bienenwachs ein sehr begrenzt verfügbarer und damit **WERTVOLLER** Rohstoff ist, zeige ich euch hier, wie man eine vegane Variante herstellen kann.

DU BRAUCHST

Stoffrest, z.B. ein altes Hemd ▪ 3 Bogen Backpapier ▪ 20g Candelilla-Wachs in Pelletsform

AUSSERDEM

Schere ▪ Bügelbrett und Bügeleisen

1. Als erstes wird der Stoff gebügelt und zurechtgeschnitten. Die Größe kannst du selbst wählen, ich persönlich schneide mir den Stoff am liebsten auf ca. 30 x 20cm zu: Bei dieser Größe lassen sich gut Brote darin einwickeln oder Schüsseln abdecken.

2. Lege dann zwei Bogen Backpapier auf das Bügelbrett und das vorbereitete Stoffstück darauf.

3. Nun werden die Wachspellets auf dem Tuch verteilt. Ich beginne immer mit ca. 10g, also relativ **WENIG**.

4. Dann den dritten Bogen Backpapier auf das Tuch legen und mit dem Bügeleisen langsam über das Tuch fahren, bis das Wachs darauf schmilzt und sich überall verteilt. Wenn an einigen Stellen noch Wachs fehlt, kann man nun etwas nachlegen und auch dieses Wachs mit dem Bügeleisen verteilen.

5. Wenn das Tuch gleichmäßig mit Wachs bedeckt ist, entferne das Backpapier und lasse es auskühlen.

Ich empfehle, das Wachstuch vor der Verwendung mit den Händen ein bisschen anzuwärmen, so wird es GESCHMEIDIGER. Zum Reinigen verwende ich nur kaltes Wasser und bei Bedarf ein wenig Spülmittel. Auf keinen Fall darf das Wachstuch in die Spülmaschine: Das heiße Wasser würde das Wachs lösen!

1

3

4

4

MACHEN DUFTE SAUBER, DIESE ORANGEN!

Diesen Orangenreiniger verwende ich eigentlich für alles: für die Küchentheke, die Laminatböden, meine Fliesen, als Kalklöser und auch als Reiniger fürs Badezimmer. Und er **DUFTET** nicht nur toll, sondern er schenkt auch noch Zitrusfrüchteschalen ein zweites Leben. Anstelle von Orangen kann man nämlich auch Zitronen, Limetten oder dergleichen dafür verwenden.

DU BRAUCHST

4–5 Orangen ■ 500ml Essig, z.B. Apfelessig

AUSSERDEM

Messer ■ Flasche mit dichtem Verschluss zur Aufbewahrung

1. Die Orangen auspressen: Wir benötigen nur die Schalen.

2. Schneide die Schalen so klein, dass sie in die Flasche passen.

3. Bedecke die Schalen vollständig mit dem Essig. Es darf wirklich kein Stück Schale aus dem Essig ragen.

4. Die Flasche verschließen und 2–3 Wochen stehen lassen.

5. Nun muss der Reiniger nur noch durch ein Sieb gegeben und wieder in die Flasche gefüllt werden. Schon ist er einsatzbereit!

Zur Kalkentfernung sprühe ich den Reiniger pur auf, ansonsten verdünne ich ihn nach GEFÜHL mit etwas Wasser. Da er Essig- und Zitronensäure enthält, sollte man für Oberflächen wie Marmor lieber einen anderen Reiniger wählen, damit das Material nicht angegriffen wird.

2

2

3

4

NUSS-WÄSCHE

Als ich zum ersten Mal davon gehört habe, fand ich es ganz schön verrückt: Wäsche waschen mit Kastanien, das soll funktionieren? Aber eigentlich ist es ganz logisch, denn Kastanien (sogenannte Nussfrüchte, übrigens) enthalten Saponine, die ähnlich wie Seife Wäsche sauber machen. Ein **TOLLES**, nachhaltiges Waschmittel – und komplett gratis!

DU BRAUCHST
Kastanien

AUSSERDEM
Messer ▪ Mixer ▪ Sieb

1. Die Kastanien abspülen und abtrocknen, dann mit einem Messer in Viertel schneiden. Am besten geht das, wenn man durch die Narbe schneidet. Gut aufpassen, die Kastanien rutschen gerne mal weg!

2. Nun machst du mit dem Mixer ein grobkörniges Pulver aus den Kastanien. Gib aber immer nur eine Handvoll hinein, damit der Mixer nicht überfordert wird.

3. Das Pulver kann sofort verwendet werden. Um es haltbar zu machen, habe ich es allerdings getrocknet: bei 30–50 °C ca. 3–5 Stunden in den Ofen geben oder mindestens 2 Tage in die Sonne oder auf die Heizung legen. Dann kontrollieren, ob es auch wirklich trocken ist. Das getrocknete Pulver hält sich mehrere Monate.

Wenn du Waschmittel für weiße Wäsche machen möchtest, schäle die Kastanien nach dem Schneiden: einfach mit einem Löffel unter die Schale gehen. Bei kalkhaltigem Wasser sollte man beim Waschen einen Schuss Essig hinzugeben als Weichspüler. Und wer etwas DUFT haben möchte, kann ein paar Tropfen ätherisches Öl nach Wahl hinzufügen.

4. Zum Waschen 2 EL Pulver mit 400 ml kochendem Wasser aufgießen und 15 Minuten ziehen lassen, dann durch das Sieb in das Waschmittelfach der Maschine geben und wie gewohnt waschen.

LECKERSTES AUS DEM EIGENEN BACKOFEN

Mit dem nachhaltigen Leben habe ich auch das Brotbacken für mich entdeckt. In den meisten Broten, die man kaufen kann, sind mir zu viele Inhaltsstoffe drin, die ich nicht essen möchte. Außerdem ist selber machen gar nicht so schwer! Dieses Rezept für Hefebrot klappt **GARANTIERT**.

DU BRAUCHST

350ml lauwarmes Wasser ▪ 1 EL Dattelsirup ▪ ½ Würfel Frischhefe ▪ 300g Weizenmehl, Typ 550 ▪ 250g Weizenvollkornmehl ▪ 1 TL Salz ▪ 1 EL Öl

AUSSERDEM

Kastenform, ca. 11cm x 30cm

1. Das lauwarme Wasser mit dem Dattelsirup vermischen und die Hefe hineinbröseln. 15 Minuten stehen lassen, bis sich etwas Schaum gebildet hat.

2. Den Ofen auf 180°C (Umluft) vorheizen.

3. Vermische nun die trockenen Zutaten miteinander und gib das Hefewasser und das Öl hinzu. Kneten, bis ein **GESCHMEIDIGER** Teig entstanden ist.

4. Den Teig in die bemehlte Kastenform geben, mittig längs ca. 1cm tief einschneiden und auf der mittleren Schiene im heißen Ofen ca. 40 Minuten lang backen.

5. Das Brot aus dem Ofen holen, kurz abkühlen lassen und aus der Form nehmen: Wenn du auf den Boden klopfst, sollte es sich hohl anhören. Tut es das nicht, muss es noch ein paar Minuten länger gebacken werden.

Dieses simple Grundrezept kann man mit Nüssen, Samen, Gewürzen oder getrockneten Tomaten ganz einfach abwandeln. **EXPERIMENTIERE** ein bisschen!

1

3

4

5

PÜRIERT, NICHT GEMOLKEN

Pflanzliche Milch bekommt man bisher fast nur in Getränkekartons oder in Plastikflaschen. Also bleibt nur eine müllfreie **MÖGLICHKEIT**: selber machen! Ich verwende in diesem Rezept Haselnüsse, du kannst aber jede beliebige Nuss verwenden oder auch Hanfsamen.

DU BRAUCHST
125g Haselnüsse

AUSSERDEM
Nussmilchbeutel, alternativ Baumwolltuch ▪ Flasche mit Verschluss ▪ Trichter

---

1. Die Haselnüsse über Nacht in kaltem Wasser einweichen.

2. Am nächsten Tag wird das Einweichwasser abgegossen, bevor die Nüsse mit 500ml Wasser in den Mixer gegeben werden.

3. Püriere sie 2–3 Minuten lang und seihe die Milch durch den Nussmilchbeutel ab.

4. Durch den Trichter in eine saubere Flasche abfüllen.

Du kannst der fertigen Milch nach GESCHMACK noch etwas Dattelsirup oder Zimt zufügen. Für einen „vollmundigeren“ Geschmack sorgt 1 EL Öl.

2

3

3

4

EINFACH EIGENE PASTA – E BASTA!

Genau wie Brot kann man auch recht einfach Nudeln selber machen. Wenn du mal Besuch hast, beeindruckst du damit auf jeden Fall! Und sonst sind sie einfach nur total **LECKER**.

DU BRAUCHST

350g Hartweizengrieß ■ 1 Prise Salz ■ 1 EL Öl ■ 200ml Wasser

AUSSERDEM

etwas Mehl zum Ausrollen ■ Nudelholz ■ Messer ■ Topf

Natürlich kann man mit diesem Rezept auch andere Nudeln herstellen, aber Bandnudeln sind am einfachsten und wirklich schnell gemacht. Um die Nudeln zu trocknen und haltbar zu machen, lege sie ca. 24 Stunden bei 30–50 °C (Umluft) in den Ofen oder 2 Tage in die SONNE oder auf die Heizung.

1. Mische den Grieß mit dem Salz.

2. Das Öl und das Wasser hinzugeben und alles verkneten, bis ein homogener Teig entstanden ist.

3. Den Teig 15 Minuten ruhen lassen, dann portionsweise mit dem Nudelholz auf einer bemehlten Fläche ganz dünn zu einem Rechteck ausrollen.

4. Rolle ihn von der kurzen Seite her locker auf und schneide ihn in Scheiben. Das Ziel sind schöne lange Bandnudeln.

5. Koche Wasser auf und gare die Nudeln etwa 4 Minuten lang darin.

2

2

3

4

4

5

ROGGEN MACHT REIN

Was sich vielleicht verrückt anhört, funktioniert tatsächlich sehr gut. Das Haarewaschen mit Roggenmehl ist etwas gewöhnungsbedürftig, denn dieses „Shampoo" schäumt nicht, aber das Ergebnis **ÜBERZEUGT**!

DU BRAUCHST
4–5 EL Roggenmehl, Typ 1150 oder Vollkorn

1. Das Roggenmehl mit so viel Wasser vermischen, bis eine zähe Paste entstanden ist, die sich gut auftragen lässt.

2. Etwa 2/3 der Mischung auf dem Haaransatz verteilen (bei kurzen Haaren die gesamte Menge, die Haare sollten großzügig bedeckt sein). Massiere das „Shampoo" dann mehrere Minuten sanft in die Kopfhaut ein.

3. Gib den Rest der Mischung in die Haarlängen und lasse alles 10 Minuten einwirken.

4. Unter klarem, fließendem Wasser gründlich ausspülen.

Wenn du bisher konventionelles Shampoo verwendet hast, brauchen deine Haare ein paar Wochen zur Umgewöhnung. Bei Bedarf kannst du die Haare nach dem Ausspülen mit einer sauren Rinse nachspülen. Hierfür 500 ml Wasser mit 2 EL Apfelessig mischen, das Haar durchspülen und mit KLAREM Wasser ausspülen.

1

1

1

1

KRÄUTERKUR FÜRS HAAR

Das Herstellen dieser Haarspülung macht mir immer besonders viel Spaß, denn man kann dabei toll herumexperimentieren: Minze beruhigt die Kopfhaut und wirkt kühlend, gut für fettiges Haar. Lavendel beruhigt die Kopfhaut, gut für trockene Haare. Rosmarin fördert das Haarwachstum und hilft bei fettiger Kopfhaut und Schuppen. Schwarzer Tee färbt leicht dunkel und hilft bei Schuppen, gereizter Kopfhaut und Haarausfall. Kamille beruhigt die Kopfhaut und verleiht blondem Haar **GLANZ**. Brennnessel färbt leicht dunkel und hilft gegen Schuppen, juckende Kopfhaut und leicht fettiges Haar. Finde deine Mischung!

DU BRAUCHST
getrocknete oder frische Kräuter nach Wahl

AUSSERDEM
Flasche ▪ Sieb

1. 4 EL Kräuter in eine Flasche füllen und mit 600ml kochendem Wasser übergießen.

2. 15 Minuten ziehen lassen und durch das Sieb abseihen.

3. Spüle die Haare nach dem Waschen mit deiner Spülung. Ausspülen ist nicht nötig.

Eine Spülung mit Schwarztee bitte höchstens 5 Minuten ziehen lassen! Wer aus seiner Kräutermischung eine saure Rinse machen möchte, gibt am Ende einfach 1 EL Apfelessig oder Zitronensaft hinzu.

1

1

1

2

NATRON-POWER GEGEN SCHWEISS

Diese Deocreme war lange Zeit mein absoluter **FAVORIT** von allen Produkten, die ich bisher selbst gemacht habe. Kein gekauftes Deo hat so gut funktioniert wie dieses! Leider vertrage ich inzwischen kein Natron mehr, aber da die meisten Menschen gut damit klarkommen (und das Deo wirklich unschlagbar ist), möchte ich es hier dennoch vorstellen.

DU BRAUCHST

5 EL Kokosöl ■ 2 TL Natron

AUSSERDEM

Mörser ■ Schraubglas

1. Das Natron im Mörser sehr fein zerreiben.

2. Mit dem Kokosöl sehr gut vermischen. Du brauchst das Kokosöl nicht zu schmelzen: Durch das Rühren wird es so weich, dass es sich gut mit dem Natron verbindet.

3. In ein Schraubglas füllen und bei Zimmertemperatur (im Sommer im Kühlschrank) aufbewahren.

4. ½ TL der Mischung auf die Haut auftragen und gut einziehen lassen. Es sollte kein öliges Gefühl hinterlassen.

Wer wie ich kein Natron verträgt, kann auch Kokosöl pur verwenden. Kokosöl wirkt antibakteriell, bei mir funktioniert das ganz GUT. Bei Bedarf kannst du auch noch 2–3 Tropfen ätherisches Lavendel- oder Pfefferminzöl hinzugeben.

1

2

2

3

DAS DRITTE R: REUSE

WIEDERVERWENDEN

ALTERNATIVEN, WOHIN MAN SCHAUT

Nachdem wir unseren Konsum jetzt auf das Nötigste reduziert haben und einige müllfreie Alternativen zu Produkten, die sonst in Plastik verpackt sind, selbst gemacht haben, kommen wir zu den plastikfreien Alternativen, die man einfach kaufen kann. Auch hier gilt wieder: Kaufe nur das, was du wirklich brauchst!.

PLASTIKFREIE ALTERNATIVEN FÜR DIE KÜCHE

- Wachstücher
  Diese Tücher kannst du selbst machen (s.S.66), es gibt sie aber auch fertig zu kaufen. Sie eignen sich **WUNDERBAR** für alles, wofür man sonst Frischhalte- oder Alufolie benutzen würde, und man kann sogar Lebensmittel darin einfrieren, zum Beispiel Kuchen.
- Tee-Ei und Teekanne
  Dank dem kleinen Ei bzw. der Edelstahlkanne mit Sieb kann man Unmengen an Teebeuteln (die selbst oft auch Plastik enthalten) einsparen. Für Teegenuss ohne Plastikpartikel!
- Waschbare Teebeutel
  Eine weitere Alternative sind waschbare Baumwollbeutel, in die man den losen Tee einfüllt.
- Waschbare Kaffeefilter
  Das Pendant zu den Teebeuteln für alle Kaffee-**LIEBHABER**!
- Befüllbare Kaffeekapseln
  Wenn du nicht auf deine Kapselmaschine verzichten möchtest, nutze dafür wiederbefüllbare Kapseln aus Edelstahl.
- Putzlappen und Wischbezüge
  Eigentlich ein Klassiker, aber in zahlreichen Haushalten wurden die nachhaltigen Putzlappen aus Baumwolle durch Küchenrolle ersetzt. Das ist keine gute Idee im Hinblick auf Müllreduzierung. Achte darauf, dass deine Lappen aus reiner Baumwolle sind, und schaffe dir mehrere Lappen an, damit du immer einen Ersatz hast, solange der aktuell benutzte Lappen in der Wäsche ist. Nutze für die Bodenpflege waschbare Wischbezüge statt Einwegtüchern.
- Spülbürste
  Anstelle eines Schwammes benutze ich zum Spülen eine Spülbürste aus Holz. Das Holz wirkt antibakteriell und je nach Modell kann man, wenn die Bürste abgenutzt ist, den Kopf austauschen.
- Spültücher
  Wer etwas Weicheres zum Spülen braucht, kann auf waschbare Spültücher aus Baumwolle zurückgreifen.

- Stoffservietten
  Statt der richtigen Servietten aus Stoff kannst du auch Baumwolltücher verwenden, die du vielleicht schon zuhause hast. Beide Varianten kommen nach Benutzung einfach in die Waschmaschine.
- Strohhalme
  Gibt es mittlerweile in vielen Varianten, sodass man wirklich nicht mehr auf Plastik zurückgreifen muss. Am häufigsten werden Halme aus bruchsicherem Glas, Edelstahl oder Bambus verwendet. Sie werden mit einer kleinen Bürste geliefert, mit der sie ganz einfach gereinigt werden können. Auch Einwegalternativen aus Nudeln, Papier oder Bioplastik sind zu haben, die nach Gebrauch kompostierbar sind. Dennoch versuche ich, diese eher zu vermeiden, da ja auch dafür Ressourcen eingesetzt werden müssen, die nur kurze Zeit einen Zweck erfüllen.
- Edelstahl- und Glasdosen
  Wer noch funktionsfähige Kunststoffdosen zuhause hat, sollte sich natürlich jetzt nicht noch zusätzlich Dosen aus Glas anschaffen. Aber wenn du sowieso etwas Neues brauchst oder Bedenken hast, Lebensmittel in Kunststoff aufzubewahren oder zu erhitzen, greife auf diese **PRAKTISCHEN** Helfer zurück. Es gibt sie in eckig oder rund, mit oder ohne Gummidichtung. Meine Dosen aus Glas benutze ich hauptsächlich zum Einfrieren oder um Vorgekochtes aufzubewahren. Die Edelstahldosen sind besonders leicht und bieten sich daher zum Mitnehmen an.
- Edelstahleiswürfelformen
  In meiner Familie haben wir immer Eiswürfelbeutel benutzt. Zwei wiederverwendbare Alternativen sind die praktischen Formen aus Silikon oder – komplett plastikfrei – aus Edelstahl.

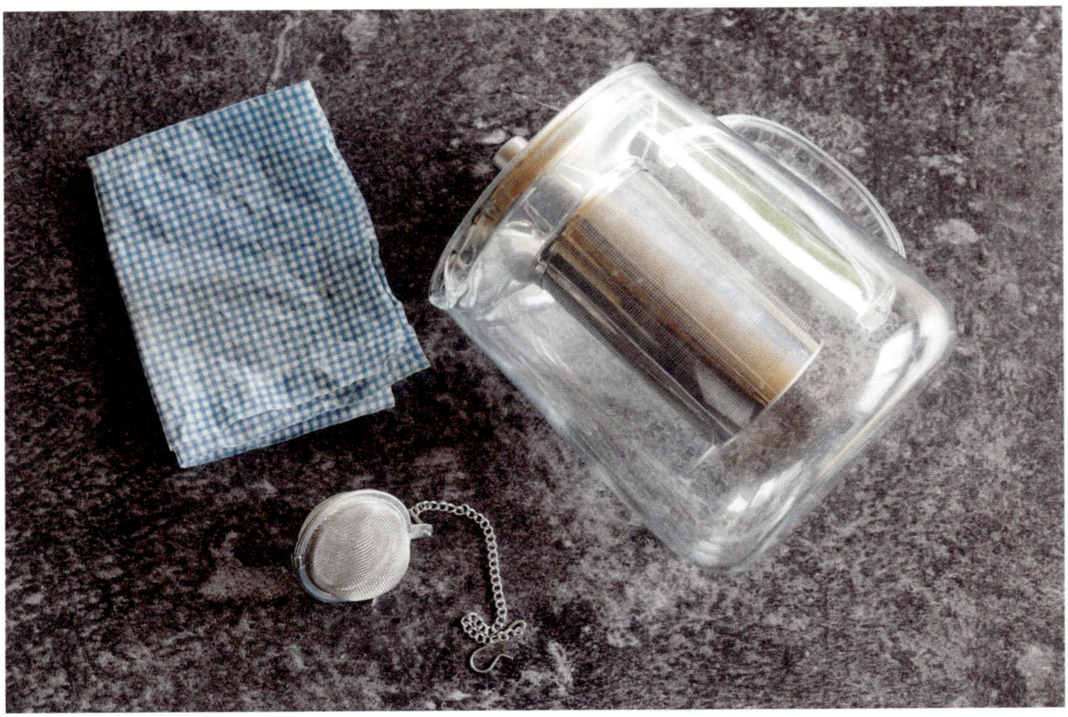

- Pfannenwender & Co. aus Holz
  So gut wie alle Küchenwerkzeuge gibt es aus Holz oder Edelstahl.
- Schneidebretter
  Bei den Kunststoffvarianten lösen sich beim täglichen Benutzen **WINZIG** kleine Plastikpartikel, die entweder im Abfluss oder in unserem Essen landen. Verwende stattdessen Bretter aus Holz, Bambus oder Stein.

PLASTIKFREIE ALTERNATIVEN FÜRS BADEZIMMER

- Bambuszahnbürsten
  Zahnbürsten aus Plastik kannst du ganz einfach durch welche aus Bambus oder Holz ersetzen. Hier gibt es allerdings große Unterschiede in der Form und der Härte der Borsten. Ich habe mehrere ausprobiert, bis ich eine gefunden habe, die mir wirklich gut **GEFÄLLT**. Es gibt einige Produkte im Drogeriemarkt zu kaufen, alternativ im Bio- und Unverpackt-Laden.
- Zahnpasta-Alternativen
  Hier findest du mittlerweile einige Alternativprodukte. Zahnputztabletten sind kleine Tabletten, die man in den Mund nimmt und zerkaut, dann putzt man sich ganz normal die Zähne. Geschmacklich unterscheiden sich die verschiedenen Produkte stark, wenn also die ersten Tabletten nicht so gut gefallen, lohnt es sich, andere auszuprobieren. Ähnlich sieht es bei Zahnkreide oder Zahnpulver aus Xylit (Birkenzucker), in das man die feuchte Zahnbürste eintunkt und dann normal damit die Zähne putzt. Xylit hat die Eigenschaft, Säuren zu neutralisieren, Kariesbakterien zu töten und den Zahnschmelz zu härten. Die dritte Option ist feste Zahnpasta, in Blockform an einem Holzstäbchen befestigt. Man reibt die Zahnbürste daran, um die Pasta aufzunehmen. Und dann kannst du auch noch auf Zahnpasta im Glas zurückgreifen, die du mit einem kleinen Holzspatel auf die Zahnbürste aufträgst.
- Zahnseide im Glas
  Die Alternative zu Zahnseide in Kunststoffdosen. Allerdings sind die wenigsten dieser Produkte vegan, sondern sie bestehen oft aus echter Seide und sind mit Bienenwachs umhüllt. **GLÜCKLICHERWEISE** gibt es aber auch vegane Varianten aus Maisstärke und mit Pflanzenwachs. Wenn die Rolle leer ist, bekommt man die Zahnseide zum Nachfüllen in Papier verpackt.
- Feste Seife
  Diese Alternative kennt wohl jeder: Seifenstücke. Du kannst sie anstelle von Flüssigseife zum Händewaschen verwenden, aber auch für den ganzen Körper, statt Duschgel. Achte darauf, Naturseife zu verwenden, die komplett ohne erdölbasierte Inhaltsstoffe, Silikone und Mikroplastik auskommt.

> Bei den Zahnpasta-Alternativen solltest du dir etwas Zeit für die Umgewöhnung geben, denn in der Regel entsteht bei diesen Produkten nicht so viel Schaum, wie man es von herkömmlicher Zahnpasta gewohnt ist.

- Shampoo-Alternativen
  Für Shampoo gibt es mittlerweile viele Alternativen. Eine davon ist Haarseife, ein festes Stück Seife, das man direkt auf den Haaren aufschäumt. Im Anschluss solltest du eine saure Rinse (s.S.78) anwenden, um den pH-Wert der Haare wieder anzugleichen. Ansonsten kann es passieren, dass sich die Haare „quietschig" anfühlen. Das Gefühl beim Waschen ist etwas anders als bei Shampoo, denn es entsteht weniger Schaum. Daneben gibt es noch festes Shampoo, das dem Gefühl eines normalen Shampoos am nächsten kommt: Es schäumt, wie man es gewohnt ist. Es hat eine Blockform und wird nicht in Plastik verpackt. In der Regel ist es sehr viel milder als ein konventionelles Produkt, sodass man häufig hinterher keine Spülung mehr braucht.
- Feste Haarspülung
  Die Pendants zum festen Shampoo bestehen meist aus natürlichen Ölen und Buttern. Sie sind demnach sehr reichhaltig an Pflege und vor allem für trockenes Haar geeignet.
- Feste Bodylotion
  Auch Bodylotion gibt es in der festen Form. Mit dem kleinen Block aus Ölen und Buttern streicht man langsam über die Haut, dabei schmilzt die Masse und man cremt sich mit den Ölen ein. Alternativ kann man auch **PURE** native Öle und Buttern, zum Beispiel Olivenöl oder Sheabutter, benutzen. Die Haut sollte bei der Anwendung immer leicht feucht sein, damit diese Feuchtigkeit aufgenommen werden kann.

- Wiederverwendbare Abschminkpads
  Um mein Make-up zu entfernen, benutze ich Abschminkpads aus Baumwolle und Wasser, mehr nicht. Wer wasserfestes Make-up einsetzt, kann zusätzlich etwas Öl verwenden, um es zu lösen. Benutzte Pads werden in der Waschmaschine gewaschen. Es gibt auch Pads und Abschminktücher aus Mikrofaser, allerdings kann sich aus diesen beim Waschen Mikroplastik lösen (s.S.21). (Recycelte) Baumwolle ist darum die **BESSERE** Alternative. Solche Pads kann man auch ganz einfach selbst machen (s.S.98).
- Stofftaschentücher
  Noch etwas, was früher ganz normal war. Die Taschentücher aus Stoff werden nach der Benutzung einfach heiß gewaschen und können zusätzlich desinfiziert werden, indem du sie bügelst.
- Stoffwindeln
  Heutzutage bestehen Stoffwindeln meistens aus einer wasserfesten Außenhülle und einer Einlage, die saugfähig ist und bei 60°C in der Maschine gewaschen werden kann.
- Rasierhobel
  Der häufigste Ersatz für konventionelle Rasierer. Rasierhobel sind meist aus Metall und es wird nur die Klinge ausgetauscht (die gibt es in der Regel in Papier verpackt). Bei der Anwendung muss man ein wenig vorsichtig sein: Da der Rasierer schon ein hohes Eigengewicht hat, darf man nicht zu fest aufdrücken. Außerdem

muss er in einem Winkel von ca. 30 Grad angelegt werden. Es gibt außerdem mittlerweile auch Mehrklingenrasierer zu kaufen, die **OHNE** Plastik auskommen.

- Oriculi
  Eine Alternative zu Wattestäbchen ist dieses kleine Holzstäbchen mit einer Art Schaufel am Ende. Damit werden die Ohren – vorsichtig und nur im äußeren Bereich! – gereinigt, dann wird das Stäbchen abgespült.
- Menstruationsprodukte
  Hier gibt es drei verbreitete Alternativen. Die erste ist die Menstruationstasse, eine kleine Tasse aus medizinischem Silikon, die etwa zehn Jahre lang verwendet werden kann. Vor und nach der Periode wird sie ausgekocht, um jegliche Keime zu beseitigen. Mit Beginn der Periode setzt man sie ein und leert sie regelmäßig aus. Vor dem Wiedereinsetzen gründlich ausspülen. Menstruationstassen gibt es in Drogeriemärkten zu kaufen, allerdings würde ich davon abraten, einfach auf „gut Glück" eine zu kaufen: Damit die Tasse wirklich dicht ist, muss sie richtig passen. Um die passende Tasse zu finden, gibt es viele Anleitungen im Internet. Die zweite Option sind Stoffbinden aus Baumwolle, die genauso wie Wegwerfbinden funktionieren nur mit dem Unterschied, dass sie waschbar sind. Und dann gibt es auch noch Menstruationsunterwäsche: Diese Slips sind so verstärkt, dass sie das Menstruationsblut aufnehmen, ohne dass eine weitere Binde o.ä. benötigt wird. Dabei sind sie kaum dicker als normale Unterwäsche. Genau wie Stoffbinden können sie ganz normal in der Maschine gewaschen werden.

- Bidet/Po-Dusche
  Eine besonders hygienische Alternative zu Toilettenpapier ist ein Bidet oder eine „Po-Dusche". Meist sind solche Vorrichtungen in oder an der Toilette fest installiert. Es gibt sie aber auch als kleine Flasche, die man sogar auf Reisen mitnehmen kann, in Drogeriemärkten. Das Prinzip ist einfach: Nach dem Toilettengang säubert man sich mit dem Wasserstrahl und muss sich danach nur noch abtrocknen.

PLASTIKFREIE ALTERNATIVEN FÜR UNTERWEGS

- Besteckset
  Wer sich unterwegs häufig etwas zu essen holt, sollte immer eine Dose oder ein Glas und ein Besteckset dabeihaben: einfach eine Gabel, einen Löffel und einen Bambusstrohhalm von zuhause einpacken.
- Wiederverwendbare Trinkflasche
  Einwegplastikflaschen gehören zu den größten Umweltverschmutzern, dabei sind sie so einfach zu ersetzen! Meine Trinkflasche ist aus Edelstahl, super leicht und immer mit dabei. Es gibt aber auch Varianten aus Glas oder Metall mit dop-

pelter Wand für gekühlte Getränke. Das Trinkwasser in Deutschland hat eine sehr gute Qualität, man kann es also ohne Bedenken in seine Flasche füllen und mitnehmen. Das spart außerdem eine Menge Geld und Wasserkisten-Schlepperei.

- Gemüsebeutel
  Wer unverpackt einkaufen geht, braucht Obst- und Gemüsebeutel oder -netze. Es gibt sie aus Baumwolle, aber auch aus Polyester. Meine ersten Netze waren aus Polyester und dadurch sehr leicht, allerdings auch wenig robust, daher sind sie schnell kaputt gegangen. Baumwollnetzte sind daher eher zu empfehlen.
- Thermobecher
  Wenn du dir häufig Kaffee zum Mitnehmen besorgst, solltest du immer deinen eigenen Becher dabei haben. So sparst du unzählige beschichtete Pappbecher ein, die nicht recycelt werden können. Es gibt Thermobecher aus Metall, aus Glas oder auch aus Bambus. Alternativ ein Einmachglas verwenden und ein Stück Stoff darum wickeln, um sich nicht die Finger zu verbrennen.

Keine Sorge: Gemüsebeutel sind schwerer als die Gemüsetüten aus Plastik, aber das Gewicht wird beim Wiegen des Gemüses an der Kasse abgezogen.

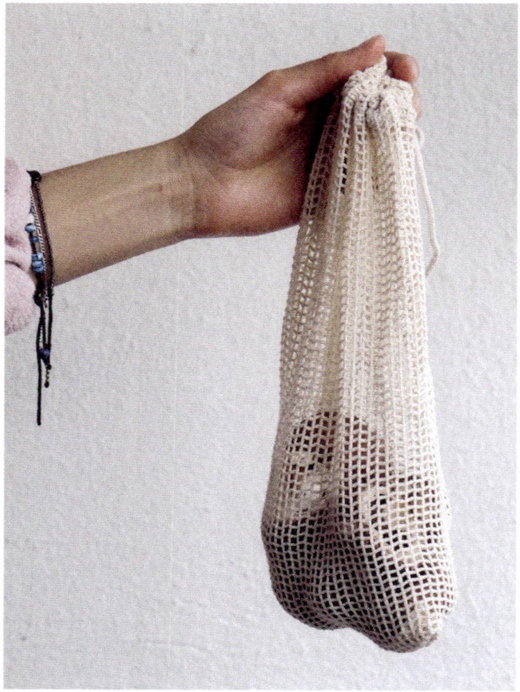

PLASTIKFREIE ALTERNATIVEN FÜR HAUSHALT & FREIZEIT

- Waschbeutel
  Wer Kleidungsstücke aus Synthetikfasern wäscht, kann mit einem speziellen Waschbeutel dafür sorgen, dass kein (oder zumindest deutlich weniger) Mikroplastik in den Abfluss gelangt. Die Flusen, die sich beim Waschen lösen, aus dem Beutel sammeln und im Restmüll entsorgen.
- Waschkugel
  Die Waschkugel ist kleiner Ball aus Kunststoff, der das Waschmittel (zumindest teilweise) ersetzen soll. Er enthält Keramik und Mineralkügelchen, die durch Ionisierung den Schmutz aus der Kleidung lösen. Der Ball kommt einfach mit in die Waschtrommel und durch die Reibung mit der Wäsche wird ebenfalls Schmutz entfernt.

So geht's

- Fusselrolle
  In der Regel sind Fusselrollen Einwegprodukte, doch es gibt sie auch als waschbare Variante: Diese sind aus einem etwas klebrigen Kunststoff hergestellt und können immer wieder abgewaschen werden. Eine weitere Option sind Fusselbürsten.

Tierhaare lassen sich übrigens auch mit einem Gummihandschuh oder einem feuchten Lappen entfernen.

- Kerzen und Teelichter
  Konventionelle Kerzen sind nicht besonders nachhaltig: Sie bestehen aus dem Erdölprodukt Paraffin, das eine schlechte CO_2-Bilanz hat und gesundheitlich bedenklich ist, wenn die Kerzen in kleinen Räumen angezündet werden. Es gibt Alternativen aus Palmöl, doch der Anbau der Ölpalmen ist für die Abholzung des Regenwaldes mitverantwortlich. **ZUM GLÜCK** gibt es auch noch Kerzen und Teelichter ohne Aluschälchen aus Zutaten wie Sojawachs, Sonnenblumen- oder Rapsöl oder Biomasse (Fett- und Ölreste aus der Nahrungsmittelindustrie).
- Papierklebeband
  Klebt genauso **GUT** wie die konventionelle Variante, aber ganz ohne Plastik.
- Kaugummi
  Was ich lange Zeit nicht wusste: In normalem Kaugummi ist Plastik enthalten! Ganz schön eklig, wenn man bedenkt, wie lange man darauf herumkaut… Und wenn so ein Kaugummi in die Umwelt gelangt, bleibt es dort für immer. Inzwischen gibt es biologisch abbaubare Kaugummis aus dem pflanzlichen „Gummi" Chicle.
- Befüllbarer Füller
  Die Patrone aus Glas oder Kunststoff kannst du einfach mit Tinte aus dem Tintenglas aufziehen.
- Hundekotbeutel
  Wer mit einem Hund in der Stadt lebt, kommt um Kotbeutel nicht herum. Anstatt der herkömmlichen Beutel verwende ich Tüten aus recycelter Pappe: diese einfach zu einer Schaufel auffalten und die Hinterlassenschaften damit aufheben. Die Tüten sind zwar **BIOLOGISCH** abbaubar, aber in der Stadt gehören sie trotzdem in den Restmüll.

Und nun wenden wir uns plastikfreien Alternativen zu, die man super einfach selber machen kann aus Dingen, die meist ohnehin zuhause herumliegen. Upcycling heißt das ZAUBERWORT!

ALTKLEIDER ZUM ABSCHMINKEN

Aus kaputten Shirts und alten Handtüchern kann man noch **WUNDERBAR** Abschminkpads herstellen! Hierfür muss man auch nicht besonders gut nähen können, ein paar einfache Stiche reichen.

DU BRAUCHST
Baumwollstoff, Rest ▪ Garn

AUSSERDEM
Schere ▪ Nadel

1. Zwei gleich große Kreise aus dem Stoff ausschneiden und diese aufeinanderlegen.

2. Dann einfach einmal rundherum zusammennähen. Ich habe ein Zick-Zack-Muster verwendet, aber eine gerade Naht funktioniert genauso.

3. Nach Benutzung bei 60°C in der Waschmaschine waschen.

Du kannst auch zwei verschiedene Stoffe benutzen, zum Beispiel T-Shirt plus Handtuch. So entstehen zwei verschiedene Seiten, eine für ein SANFTES Peeling, die andere zum Abschminken.

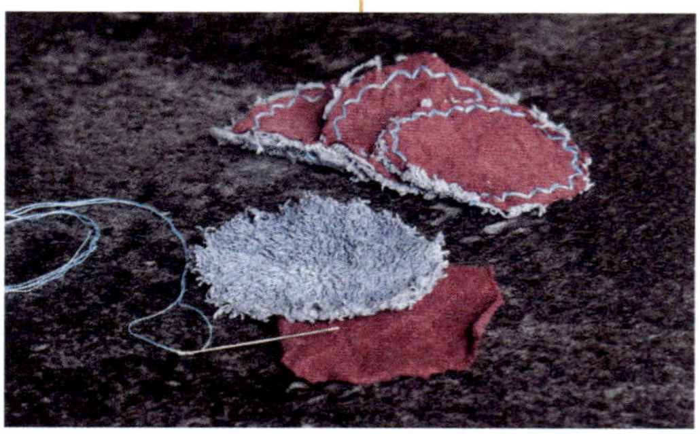

NICHT AUS DER ROLLE FALLEN

Eine ganz einfache Möglichkeit, um Pflanzen heranzuziehen und dabei auch noch Klorollen ein zweites **LEBEN** zu schenken! Da sich die Pappe zersetzt, können die „Töpfe" einfach mit eingepflanzt werden, wenn die Pflanzen soweit sind.

DU BRAUCHST

Toilettenpapierrollen ▪ Blumenerde ▪ Saatgut nach Wahl

AUSSERDEM

Schere

1. Die Klorollen in der Mitte durchschneiden und in eine Schale stellen, in der sie nicht umkippen können.

2. Befülle die Rollen mit Erde und drücke sie leicht an. Je nachdem, wie tief die Samen in die Erde sollen, nicht zu viel Erde einfüllen.

3. Gib nun die Samen in die Töpfe und bedecke sie bei Bedarf mit weiterer Erde.

4. Die Töpfe gießen und **WARTEN**!

SCHÖNES AUS ALTGLAS

Wenn man auf Plastik verzichtet, sammelt sich in der Regel etwas mehr Altglas an. Und das kann noch sehr **NÜTZLICH** sein, etwa für Vorratsgläser, Seifenspender oder für ein Mini-Terrarium.

VORRATSGLÄSER

DU BRAUCHST

Gläser ■ Tafellack ■ Kreide

AUSSERDEM

Pinsel

1. Entferne die Etiketten (s. rechts).

2. Pinsele mit Tafellack auf jedes Glas ein neues „Etikett" auf.

3. Wenn der Lack trocken ist, das Glas mit Kreide beschriften und befüllen.

Um Etiketten von Gläsern zu entfernen, lege sie in warmes Wasser: Die Etiketten lösen sich. Alternativ mit etwas Öl einreiben und abziehen.

SEIFENSPENDER

DU BRAUCHST

Glasflasche mit Drehverschluss ■ Pumpspender (s. unten)

AUSSERDEM

Schere

1. Entferne die Etiketten (s. gegenüber).

2. Den Schlauch des Pumpspenders auf die Länge der Flasche kürzen und den Spender aufschrauben.

3. Flasche mit Spülmittel, Seife o.ä. befüllen.

MINI-TERRARIUM

DU BRAUCHST

Glas, möglichst groß ■ Steine ■ Pflanze nach Wahl

1. Entferne die Etiketten (s. gegenüber).

2. Fülle als erste Schicht Steine in das Glas. Durch diese kann überschüssiges Wasser ablaufen.

3. Pflanzerde auf die Steine geben, dabei darauf achten, dass genug Erde für die Pflanze vorhanden ist.

4. Die Pflanze einsetzen und nach Belieben weiter dekorieren.

Solche Pumpspender bekommt man beispielsweise in Bastel- oder auch in Unverpackt-Läden.

LICHT AUS DER DOSE

Windlichter schaffen eine tolle **ATMOSPHÄRE** auf dem Balkon oder der Terrasse. Achte beim Befüllen auf nachhaltige Teelichter (s.S.94) und zünde das Windlicht nicht ständig an: Verzicht ist wie immer die nachhaltigste Lösung.

DU BRAUCHST
Konservendose

AUSSERDEM
Schleifpapier, grob ▪ Marker ▪ Hammer ▪ Nagel

1. Dose spülen, Etikett entfernen.
2. Dann mit dem Schleifpapier den Rand abschleifen, sodass keine scharfen Kanten mehr vorhanden sind.
3. Mit dem Marker ein beliebiges Muster auf die Dose „punkten".
4. „Löchere" dann das Muster mit Hammer und Nagel in die Dose.

Nach Belieben kannst du die Dose am Ende noch anmalen oder mit Farbe besprühen.

TASSENKERZEN

Alte Tassen und Schüsseln geben **TOLLE** Kerzenformen ab. Wenn man dafür dann auch noch Kerzenreste einschmilzt, kann man gleich zwei übrige Dinge auf einmal weiterverwerten!

DU BRAUCHST

alte Tasse oder Schüssel ▪ Kerzenreste ▪ Docht

1. Das Porzellan gut säubern und trocknen.

2. Ruß- und Dochtreste von den Kerzenresten entfernen.

3. Den neuen Docht so in der Tasse befestigen, dass er nicht verrutschen kann. Das funktioniert gut mit zwei Holzstäbchen und etwas Klebeband.

4. Die Kerzenreste in eine zweite Schale geben und im Wasserbad einschmelzen.

5. Das Wachs in die Tasse geben und fest werden lassen. Dann herausnehmen, die Stäbchen entfernen und den Docht kürzen.

DAS VIERTE R: REPAIR & SHARE

REPARIEREN & TEILEN

REPARIEREN STATT WEGWERFEN

Eigentlich würde hier als viertes R Recycle kommen, aber mir ist das folgende Thema zu wichtig, sodass ich dieses hier eingefügt habe: Mein viertes R ist Repair. Es plädiert dafür, Dinge zu reparieren statt zu entsorgen. Und da ich es genauso **WICHTIG** finde, Dinge zu teilen und zu tauschen, habe ich auch noch „Share" ergänzt. Es geht nun also darum, wie man Dinge reparieren kann, wo man Hilfe findet, wenn man nicht weiterweiß, und welche Möglichkeiten es sonst noch gibt, um Dinge lange zu erhalten und zu nutzen.

Die meisten Dinge, die im Alltag kaputt gehen, sind mit ein paar Handgriffen wieder in **ORDNUNG** gebracht. Mein bester Freund hierbei ist (wer hätte es geahnt?) das Internet. Egal was bei mir bisher kaputt ging – Kleidung, der Laptop, ein Stuhlbein, ein Ventil in der Küche –, für alles habe ich online eine Anleitung gefunden. Natürlich kann man nicht jede Reparatur selbst machen, aber jeder kann wahrscheinlich selbst am besten einschätzen, was er noch mit einem Tutorial hinbekommt und wofür doch ein Experte nötig ist. Auf jeden Fall möchte ich dich ermutigen: Trau dich, auch handwerkliche Sachen selbst anzugehen! Ich habe die Erfahrung gemacht, dass vieles doch gar nicht so schwer ist, wenn man erstmal angefangen hat.

KLEIDUNG REPARIEREN

Gerade Kleidung, die besonders viel genutzt und täglich beansprucht wird, geht relativ schnell mal kaputt. Mit der richtigen **PFLEGE** und ein paar kleinen Reparaturen kann man die Teile aber sehr viel länger in tragfähigem Zustand erhalten.

1. Achte schon beim Kleiderkauf auf gute Qualität, damit du möglichst lange etwas von deiner Kleidung hast. Wenn ich mir etwas Neues kaufe, wähle ich möglichst robuste Stoffe wie Baumwolle, Hanf oder Leinen und prüfe, ob die Nähte stabil sind.

Für Reparaturen, bei denen man doch lieber reale Unterstützung hätte, bieten sich sogenannte „Repair-Cafés" an. Hier bringt man seinen Gegenstand mit und die ehrenamtlichen Mitarbeiter des Cafés und andere Gäste HELFEN einem dann (kostenlos) bei der Reparatur.

2. Jedes Kleidungsstück sollte nur so heiß gewaschen und so gepflegt werden, wie auf dem Etikett angegeben ist. Die Symbole dort zeigen neben der Waschtemperatur auch an, ob etwas in den Trockner darf oder gebügelt werden kann. Außerdem sollte man ein **MILDES** (und möglichst natürliches, idealerweise selbstgemachtes) Waschmittel verwenden (s.S.70) und nur wenig schleudern, um die Kleidung nicht zu sehr zu strapazieren.
3. Manche Kleidungsstücke bilden nach einer Weile „Fussel" auf der Oberfläche, auch Pilling genannt. Hierfür habe ich einen Fusselrasierer, ein Gerät, mit dem die Fussel einfach abrasiert werden. So wird die Oberfläche wieder glatt. Setze den Rasiere aber wirklich vorsichtig ein, da empfindliche, dünne Teile bei zu viel Druck Löcher bekommen können. Für Pullover mit langen Fasern gibt es einen extra Aufsatz, damit wirklich nur die Fusselkügelchen entfernt werden.
4. Die meisten Reparaturen an Klamotten sind sehr einfach selber zu machen. Eine Naht, die sich öffnet, ein Knopf, der abgefallen ist – hier sind nur ein paar Nadelstiche nötig, um das Problem zu **LÖSEN**. Wer ein spezielleres Problem hat oder auch absoluter Anfänger ist, findet online zahlreiche Tutorials, mit denen einem schnell geholfen wird. Sonst sind auch bei solchen Problemen Repair-Cafés eine gute Anlaufstelle.

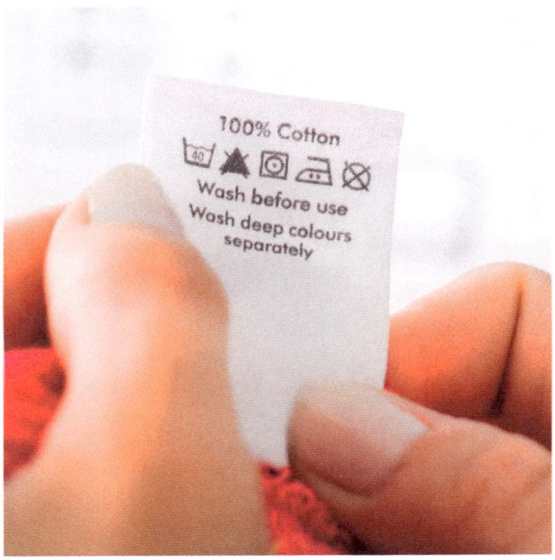

Wenn das Kleidungsstück stark chemisch riecht, kaufe ich es nicht.

5. Wenn du nicht mehr weiterweißt, das Teil zu lang oder zu kurz ist oder anderweitig angepasst werden muss, bringe es in eine Schneiderei. Das **LOHNT** sich immer!

ELEKTRONIK REPARIEREN

Es passiert so schnell: Der Handybildschirm zersplittert, beim Ladekabel geht die Isolierung auf, der Laptop stürzt plötzlich ab. Viele sehen hier nur eine Lösung: ab in den Elektromarkt und ein neues Gerät her. Das letzte ist ja auch schon nicht mehr das neueste, und oft denkt man sich: „Für den Preis der Reparatur kann ich es auch neu kaufen!" Und leider stimmt das. Da neue Produkte so günstig geworden sind, „lohnt" sich das Reparieren oft aus finanzieller Sicht nicht. Für die Umwelt aber sehr **WOHL**, denn es ist sehr viel nachhaltiger, nur das Displayglas austauschen zu lassen als sich gleich ein neues Smartphone zu kaufen.

Die Kleidungsstücke, die bei mir wohl am meisten verschleißen, sind Schuhe. Eine FREUNDIN hat mir erzählt, dass sie ihre Schuhe etwa alle zwei Jahre zum Schuster bringt, um die Sohlen zu erneuern oder den Stoff reparieren zu lassen. Das Ganze kostet nur etwa 1/3 oder die Hälfte des Neupreises. Meiner Meinung nach lohnt sich das total!

Viele Dinge lassen sich aber auch in diesem Bereich viel **EINFACHER** reparieren als vielleicht erwartet. Online findet man auch hierfür viele Tutorials und Anleitungen. Und Ersatzteile sind häufiger und leichter zu bekommen, als man gemeinhin vermutet, und in der Regel ist der Einbau dann auch sehr unkompliziert. Wenn ich (selten) ein neues Gerät kaufe, überprüfe ich zunächst im Vorfeld, ob es Ersatzteile dafür gibt oder der Hersteller selbst Reparaturen anbietet.

HAUSHALTSGEGENSTÄNDE REPARIEREN

Seit ich in meiner eigenen Wohnung wohne, ist mir erstmal aufgefallen, was im Haushalt eigentlich alles so kaputt gehen kann. Verzweifelt stand ich vor Kurzem beispielsweise vor einem Wasserhahn, der nicht aufhören wollte zu tropfen, vor einem Kühlschrank, aus dem Wasser lief, vor einem Rohr im Bad, das einfach durchgebrochen war, und vor einer Tür, die plötzlich aus dem Rahmen fiel. Bei all diesen Sachen dachte ich zuerst: Das ist hinüber, ich muss alles neu kaufen. Doch dem war zum **GLÜCK** nicht so!

Natürlich musste ich das gebrochene Rohr ersetzen. Aber worauf ich hinaus möchte, ist auch hier wieder: Habe den **MUT**, Dinge selbst zu reparieren! Ich hatte wirklich absolut keine Ahnung, wie ich das alles reparieren soll, aber für alles habe ich entweder eine Anleitung im Internet gefunden oder jemand aus meinem Bekanntenkreis wusste, wie es geht. Also, trau dich und frage nach! Ich bin mir sicher, dir wird gerne geholfen. So lernt man immer mehr dazu, und das Gefühl, etwas repariert zu haben und darum nicht ersetzen zu müssen, ist wirklich gut.

Bei Möbelstücken achte ich auch schon beim Kauf auf Qualität. Und bis auf einen Stuhl, der **LEICHT** zu reparieren war, ist bei mir bisher auch nichts kaputt gegangen. Für viele Möbel kann man zudem Ersatzteile kaufen, falls mal etwas wirklich nicht mehr anders zu retten sein sollte.

Was bei mir doch öfter mal zu Bruch geht, sind Teller und Tassen. Für mich galt ein zerbrochener Teller immer als nicht reparierbar, doch mittlerweile habe ich eine besonders **SCHÖNE** Methode entdeckt, wie das sehr wohl geht (leider erst, nachdem ich schon vieles entsorgt hatte). Sie kommt aus Japan und nennt sich Kintsugi, „Reparieren mit Gold". Dabei werden die Teller zusammengeklebt, und die Bruchkante wird mit Silber oder **GOLD** verziert. Ich finde das eine tolle Idee: Man versucht nicht, das Kaputte wie neu aussehen zu lassen, sondern hebt gerade das Unperfekte hervor.

DINGE (VER)LEIHEN

Leihen, Teilen, Tauschen, das sind einige meiner Lieblingsthemen im nachhaltigen Leben. Ein wichtiger Aspekt der Nachhaltigkeit ist ja, mit dem auszukommen, was schon da ist. Wenn man jedoch versucht, möglichst minimalistisch zu leben, stößt man doch hin und wieder an seine Grenzen. Ich besitze zum Beispiel keine Bohrmaschine, keine Zange, kein Auto und nur das Nötigste an Küchengeräten. Manchmal brauche ich aber doch etwas von diesen (oder auch anderen) Dingen. Und dann passiert etwas ganz Tolles: Ich komme mit anderen Menschen in **KONTAKT**.

HILFE AUS DER NACHBARSCHAFT

Vor allem in den großen Städten lebt man heute so isoliert und unabhängig, dass alltägliche Kontakte oft nahezu komplett wegfallen. In meiner kleinen Heimatstadt war es für mich normal, bei den Nachbarn bei Bedarf nach einer Tasse Mehl zu fragen. Heute kenne ich bei den meisten Nachbarn nicht mal den Namen. Darum war ich auch ziemlich nervös, als ich das erste Mal losgezogen bin, um mir etwas bei meinen Nachbarn auszuleihen. „Werden die mich jetzt total komisch angucken?" Aber ich wollte es unbedingt ausprobieren, denn ich brauchte das Teil ja auch. Und ich war erstaunt, wie sehr sich die Nachbarn über meine Frage gefreut haben!

Die meisten Menschen helfen gerne. Ich behaupte, es ist tief in uns verankert, dass wir gebraucht werden und anderen helfen möchten. Also, tu deinen Nächsten doch mal etwas Gutes und bitte sie um Hilfe. Das kann so etwas Einfaches sein wie eine Bohrmaschine, die man sich ausleihen möchte. Und wenn man dann noch etwas zurückgibt, haben alle etwas davon: Man kann zum Beispiel als Dankeschön **KUCHEN** vorbeibringen, oder man bietet selbst seine Hilfe bei einem Vorhaben an.

> Wenn wir mehr in Kontakt mit unseren MITMENSCHEN stehen, wird uns bewusst, dass wir gar nicht so viel besitzen müssen. Dass nicht jeder Einzelne immer auf alles vorbereitet sein muss. Falls mal etwas sein sollte, gibt es immer jemanden, der helfen kann. Und genauso kann man selbst die Person sein, die hilft.

GIVE
BACK

HILFE VOM PROFI

Eine weitere Möglichkeit ist es, Dinge zum Beispiel über Fachmärkte auszuleihen, und auch im Internet findet man natürlich zahllose Angebote. Das ist zwar nicht so **PERSÖNLICH**, aber auch hier spart man es sich, etwas zu kaufen, was man wahrscheinlich nur einmal im Jahr benutzt. Meistens wird die Mietgebühr pro Tag oder pro Woche berechnet.

Einen Mietservice gibt es für viele Dinge, beispielsweise

- für Werkzeuge,
- für Kleidung,
- für Spielekonsolen,
- für Elektronik-Equipment,
- für Fahrräder, usw.

Man kann sogar eine ganze Garderobe mieten! In manchen Städten gibt es spezielle Geschäfte für solche Angebote: Für einen Fixpreis pro Monat kann man sich eine bestimmte Anzahl von Kleidungsstücken ausleihen. Wie in einer Bibliothek kann man hier durch die Klamotten stöbern und die Teile mitnehmen, die einem **GEFALLEN**. Und wenn man Lust auf Neues hat, gibt man die Klamotten einfach zurück und sucht sich etwas Anderes aus. Dann hat jemand anderes die Chance, Freude an den Teilen zu haben.

Wenn man nur für einen bestimmten Anlass etwas braucht, bietet es sich natürlich an, bei Freunden und Familie nachzufragen. Es gibt bestimmt jemanden im Bekanntenkreis, der etwas Passendes zur Verfügung stellen kann.

DINGE TEILEN

Genauso kann man Dinge, die nicht oft gebraucht werden, auch teilen. Wenn man also etwas anschaffen möchte, was man nicht täglich braucht, kann man schauen, ob es jemanden gibt, mit dem man diesen Gegenstand teilen kann. Wichtig ist nur, dass man die **GEMEINSAME** Nutzung klar regelt.

Teilen kann man ebenfalls alles Mögliche:
- ein Auto,
- die Campingausrüstung,
- einen Drucker,
- die große Küchenmaschine, usw.

Auch die Wohnung kann man teilen. Wer gerne und viel verreist, kennt sicher das Konzept des „Couchsurfing". Hier übernachtet man gratis bei anderen Couchsurfern. Wer gerne neue Menschen kennenlernt und die wenig nachhaltige Hotelindustrie vermeiden möchte, wird damit bestimmt GLÜCKLICH.

Das bekannteste Beispiel fürs Teilen ist wahrscheinlich Car-Sharing. Hier teilen sich mehrere Personen ein Auto. Meistens wird das Auto auf einem öffentlichen Platz geparkt, und wer es braucht, bucht es (in der Regel online) für eine bestimmte Zeit und steigt einfach ein. Vor allem, wenn man in der Stadt wohnt, wo viel mit öffentlichen Verkehrsmitteln möglich ist, ist das eine **GROSSARTIGE** Alternative zum eigenen Auto.

DINGE TAUSCHEN

Wenn man versucht, weniger und bewusster zu konsumieren, gewinnt auch das Tauschen eine neue Bedeutung. Da ich selbst gerne aussortiere und neue Sachen ausprobiere, bin ich ein großer **FAN** des Tauschens, vor allem von Kleidern und Büchern. Kleidung, die nicht mehr getragen, und Bücher, die nicht mehr gelesen werden, hat wahrscheinlich jeder. Also warum nicht einfach mal im Freundeskreis eine Tauschparty veranstalten? Jeder bringt das mit, was er nicht mehr braucht und nicht mehr haben möchte, und sucht sich etwas von den Dingen der anderen aus. Was übrig bleibt, wird gespendet.

Im Gegensatz zum Flohmarkt ist das Schöne hier, dass die Dinge nichts kosten. In größeren Städten gibt es oft auch öffentliche Tauschpartys. Die sind besonders cool, da natürlich viele Dinge von verschiedenen Menschen **ZUSAMMENKOMMEN**. In der Regel ist hier für jeden etwas dabei!

Auch auf Online-Portalen kann man Dinge tauschen, etwa Möbel, Kleidung, Pflanzen oder auch Lebensmittel. Ich habe so häufig Klamotten und Kosmetik eingetauscht. Wenn man etwas Bestimmtes braucht und nicht nur etwas zu verkaufen hat, empfinde ich das als eine der SCHÖNSTEN Methoden, um Sachen loszuwerden.

GEBRAUCHTES KAUFEN

Ich kaufe jetzt schon seit einigen Jahren den Großteil der Dinge, die ich brauche, aus zweiter Hand. Für mich ist das etwas vollkommen Normales, schon in meiner Kindheit waren wir oft auf Flohmärkten oder in Secondhand-Geschäften unterwegs. Ich fand das immer großartig, weil es ein bisschen wie **SCHATZSUCHE** ist. Man weiß nie, was zur Auswahl steht und ob man das findet, was man eigentlich wollte, oder doch etwas ganz anderes mitnimmt. Heutzutage nehme ich natürlich nicht einfach irgendetwas mit: Auch bei Gebrauchtteilen überlege ich mir vorher gut, ob ich den Gegenstand wirklich brauche und benutzen werde. Wenn man aber bei Secondhand einen Fehlkauf macht, wurden dafür immerhin keine neuen Ressourcen verschwendet. Das Einzige, was eventuell darunter leidet, ist der eigene Geldbeutel.

Meine besten Tipps für das Secondhand-Einkaufen möchte ich hier mit dir teilen.

Manchmal höre ich, dass Menschen sich davor ekeln, Gebrauchtes zu kaufen. Ich denke, das kommt daher, dass sie es noch ausprobiert haben und gar nicht wissen, dass die meisten Sachen, die da angeboten werden, in sehr gutem Zustand oder sogar noch neu sind. Und Kleidung etwa kann man waschen und andere Gegenstände reinigen.

SECONDHAND-KLEIDUNG KAUFEN

1. Wenn ich ein ganz **SPEZIELLES** Kleidungsstück suche, gehe ich für gewöhnlich ins Internet. Hier ist es einfach, nach bestimmten Kategorien, nach Marken und nach Größen zu suchen. Außerdem kann man nach Preisen sortieren, wenn man in einem gewissen Budget bleiben möchte. Wenn du also genau weißt, was du willst, wirst du so sicher fündig. Wenn ich mir bei der Größe nicht sicher bin, gehe ich auch ganz gerne in einen Laden, probiere das ausgewählte Stück dort an und kaufe es dann gebraucht.
2. In Secondhand-Läden oder auf Flohmärkte gehe ich nur dann, wenn ich nichts Bestimmtes brauche: Man kann ja nicht wissen, was es geben wird, und es ist sehr unwahrscheinlich, dass es genau

dieses eine Teil gibt, nach dem man gerade sucht. Bevor ich losziehe, überlege ich mir nur grob, was ich gebrauchen kann: eine neue Jacke, eine Hose oder ein paar Schuhe? Ich versuche, mir keine zu genaue Vorstellung zu machen und **OFFEN** zu bleiben. Finde ich dann ein Teil, das mir richtig gut gefällt, nehme ich es mit. So kann man manchmal richtige Schätze entdecken.

3. Ich habe mir abgewöhnt, in Secondhand-Läden nur bei meiner Größe zu suchen oder nur in der Frauenabteilung. Oft **PASSEN** auch Teile, die gar nicht die richtige Größe haben, und oft gefällt mir auch etwas, das bei den Männern hängt.

Es kommt natürlich sehr auf den Laden oder den Flohmarkt an. Jeder Flohmarkt und jeder Secondhand-Laden ist ANDERS, es lohnt sich daher, verschiedene zu besuchen. Das Schöne: Das Angebot wechselt ständig, man entdeckt also sicher immer etwas Neues.

SECONDHAND-ELEKTRONIK KAUFEN

1. Wenn man Elektronik gebraucht über das Internet kauft, sollte man natürlich aufpassen, dass die Seite und auch der Verkäufer wirklich vertrauenswürdig sind. Hier helfen Bewertungen anderer Nutzer und auch das eigene **BAUCHGEFÜHL**. Wenn mir etwas komisch vorkommt, suche ich lieber weiter.
2. Es ist immer von Vorteil, wenn man das, was man sucht, bei jemandem aus der Umgebung kaufen kann. Dann kann man sich an einem öffentlichen Ort treffen und sich zuerst überzeugen, ob mit dem Produkt auch alles in Ordnung ist.
3. Wenn man nicht um Versand herumkommt, sollte man zumindest auf versicherten Versand bestehen, damit man **GESCHÜTZT** ist, falls das Paket doch einmal verloren geht.
4. Es gibt auch Websites, auf denen man Gebrauchtes bei Händlern kaufen kann. Hier hast du nicht das Risiko wie bei einem Privatkauf und bekommst häufig auch noch eine Garantie auf das Gerät. Vieles wird hier auch wiederaufbereitet und repariert, sodass die Geräte so gut wie neu sind.

SECONDHAND-BÜCHER KAUFEN

1. Bei gebrauchten Büchern, auf die ich häufig zurückgreife, ist mir der Zustand relativ egal, da ich das Buch ja nur lesen möchte. Solange noch alle Seiten drin sind und es sauber ist, reicht mir das.

2. Wie bei Kleidung gilt: Wer etwas Bestimmtes sucht, schaut am besten im Internet, wer stöbern und sich **INSPIRIEREN** lassen will, geht auf Flohmärkte und in Secondhand-Geschäfte. Es gibt übrigens auch spezielle Bücherflohmärkte, meistens in Stadtbibliotheken oder in Schulen.

> Am besten ist es, wenn man sich diese Sachen vor Ort angucken kann, um zu sehen, ob es Schäden oder Mängel gibt.

SECONDHAND-EINRICHTUNGSGEGENSTÄNDE KAUFEN

1. In vielen Städten gibt es Secondhand-Kaufhäuser, in denen Einrichtungsgegenstände, Haushaltsartikel und Dekoration angeboten werden. Oft findet man hier Vintage-Teile, die besonders **EINZIGARTIG** sind, und vor allem für Geschirr sind solche Kaufhäuser eine tolle Anlaufstelle: Hier bekommt man oft ganze Service für sehr wenig Geld. Manchmal fehlt ein Teil, und die Designs sind eher retro (und dadurch meistens schon wieder modern!), aber wenn einen das nicht stört, kann man hier echte und **WUNDERSCHÖNE** Schnäppchen machen.
2. Nach Möbeln suche ich aber am **LIEBSTEN** online – da ist das Angebot einfach am größten. Hier bekommt man alles, auch „Mainstream-Möbel", und alles viel günstiger, als wenn man es neu kaufen würde. Häufig werden sogar Dinge in sehr gutem Zustand einfach verschenkt.

3. Sogar Pflanzen kann man „gebraucht" kaufen! Hier aber darauf achten, dass sie gut **GEPFLEGT** sind – es sei denn, du hast einen grünen Daumen und traust dir zu, sie wieder aufzupäppeln.

3. Wer ein Rad online bzw. über privat gekauft hat, sollte es auf jeden Fall zur Inspektion bringen, bevor es das erste Mal auf die Straße geht.

SECONDHAND-FAHRRÄDER KAUFEN

1. Mein Fahrrad habe ich auch gebraucht gekauft, bei einer Fahrradwerkstatt. Wenn man (wie ich) nicht sonderlich viel Ahnung davon hat, kann man sich hier sicher sein, dass mit dem Rad alles in Ordnung ist und alles repariert ist, was kaputt war.
2. Auch in Fahrradläden gibt es häufig eine Gebraucht-Abteilung. Diese Fahrräder sind meistens etwas teurer, aber in der Regel auch wieder top in Schuss.

Ich denke, jedes Teil, das wir gebraucht kaufen und das somit nicht neu produziert werden muss, ist ein Schritt in die richtige Richtung. Und im Idealfall kümmern wir uns so gut um die Dinge, dass wir sie ebenfalls weitergeben können, wenn wir sie nicht mehr brauchen.

DAS FÜNFTE R: RECYCLE & ROT

RECYCELN & VERROTTEN LASSEN

RICHTIGE MÜLLTRENNUNG

Auch wenn wir allen Rs bis hierher bestmöglich folgen, wird immer etwas Müll anfallen. Und damit müssen wir auch unseren **FRIEDEN** machen, denn Müll ist nunmal leider nicht vollständig zu vermeiden. Jeglicher Müll, den wir produzieren, muss aber zumindest richtig sortiert und recycelt werden.

Allerdings sollte man sich nicht zu dem Gedanken verleiten lassen, wenn man alles richtig trennt, sei alles gut: Selbst wenn wir unseren Müll korrekt sortieren gemäß der vielen Richtlinien und Leitfäden, produzieren wir immer noch viel zu viel und viel mehr, als überhaupt recycelt werden kann.

Nur etwa die Hälfte der Verpackungen wird in Deutschland überhaupt dem Recycling zugeführt, und alles, was in den Restmüll kommt – und das ist in normalen Haushalten eine ganze Menge! – wird überhaupt nicht recycelt, sondern einfach verbrannt. Ebenso der Inhalt der Mülltonnen in der Stadt (Verpackungen darum **BESSER** mit nach Hause nehmen zum Entsorgen). Da durch die Verbrennung des Restmülls viel CO_2 entsteht, ist es sehr wichtig, diesen Müll zu reduzieren. Denn kein Müll ist einfach weg, nur weil er in die Tonne geworfen und abgeholt wird.

Die Regeln für Mülltrennung, die ich hier wiedergebe, sind die, die meiner Erfahrung nach im Allgemeinen gelten. Es gibt aber regionale Unterschiede, deswegen empfiehlt es sich, bei den örtlichen Stadtwerken nachzufragen, wenn man sich unsicher ist.

1. Plastik recyceln.

Bei Plastikmüll gibt es zwei Sammelsysteme:

- Wertstofftonnen, in die generell alles aus Plastik reindarf, also auch Dinge, die keine Verpackung sind.
- Plastiktonnen, in die ausschließlich (grob gereinigte) Verpackungen kommen: Plastikflaschen, Getränkekartons, Konservendosen, Verpackungen von Obst und Ge-

müse, Joghurtbecher. Andere Dinge aus Kunststoff wie Zahnbürsten, Spielzeug, Kugelschreiber oder auch Strohhalme gehören in die Restmülltonne.

2. Bio-Plastik recyceln.
Bioplastik gehört nicht in die Biotonne, aber auch nicht in die Plastiktonne. Es gehört in die Restmülltonne, denn es kann nicht recycelt und in unserem Biomüllsystem (s.S.126) auch nicht kompostiert werden. Alternativ kannst du es auf dem **KOMPOST** entsorgen.

3. Restmüll recyceln.
... geht leider nicht: Restmüll ist alles, was sich nicht recyceln lässt: Windeln, Katzenstreu, Hygieneartikel wie Tampons und Binden, Zigarettenkippen, aussortierte Fotos... Wer noch keine Wertstofftonne hat, entsorgt hier wie gesagt auch alles aus Plastik, was keine Verpackung ist.

Wenn eine Verpackung aus mehreren Arten von Plastik besteht, wie zum Beispiel Joghurtbecher (Plastikdeckel, Alufolie und Plastikbecher), müssen diese getrennt und einzeln entsorgt werden, sonst können sie nicht recycelt werden. Inzwischen gibt es oft Hinweise auf den Verpackungen, wie die einzelnen Bestandteile richtig entsorgt werden.

4. Papier recyceln.
In die Papiertonne gehört ausschließlich Papier und Pappe: Tüten vom Bäcker, Kosmetikschachteln, Zeitungen, Zeitschriften, Bücher und Geschenkpapier. Aufpassen muss man vor allem bei Lebensmittelverpackungen wie Pizzakartons – wenn diese durch das Fett der Pizza stark verschmutzt sind, gehören sie in den Restmüll.

Dinge, die häufig fälschlicherweise im Papiermüll entsorgt werden:
- benutzte Taschentücher
- Tapetenreste
- Kassenzettel, Fahrkarten, Kontoauszüge

Diese gehören alle in den Restmüll.

> Kassenzettel und Co. sind in der Regel aus Thermopapier, welches mit BPA beschichtet ist. Wenn sie ins Papierrecycling gelangen, wird auch das recycelte Papier das gesundheitsschädliche BPA enthalten. Außerdem kann es beim Recycling in die Böden und Gewässer weitergetragen werden.

5. Metall recyceln.
Bei Metall wird wie beim Plastik in Verpackung und Nicht-Verpackung unterschieden.
- Verpackungen, Konservendosen oder auch Kaffeekapseln aus Aluminium kommen in die Plastik- oder Wertstofftonne. In manchen Kommunen gibt es auch spezielle Container extra für Konserven.
- Sonstiges Altmetall gibt man am **BESTEN** getrennt beim Wertstoffhof ab.

6. Glas recyceln.
In den Glascontainer gehören nur Verpackungen aus Glas wie Getränkeflaschen, Marmeladen- oder Saucengläser usw. Zudem ist es wichtig, das Altglas nach **FARBEN** zu sortieren: weiß/klar, braun, grün/farbig. Aber: Kaputtes Geschirr, Scheiben, Spiegel, Trinkgläser, Keramik oder Blumenvasen gehören in den Restmüll.

7. Batterien und Glühbirnen recyceln.
In den meisten Supermärkten gibt es Sammelboxen. Bloß nicht in den Restmüll werfen!!

8. Recycling über den Wertstoffhof.
Wenn es keinen Wertstoffhof in deiner Nähe gibt, kommt wahrscheinlich regelmäßig ein Wertstoffmobil, zu dem man die folgenden Dinge ebenfalls bringen kann:
- Elektronikgeräte wie alte Fernseher, Haushaltsgeräte, Kabel, Beleuchtungen, Waschmaschinen oder Staubsauger
- CDs
- Metallschrott wie kaputte Fahrräder, Schubkarren oder Regale. Diese zählen aber auch zum Sperrmüll, den man genauso wie kaputte Möbel, Bretter und Einrichtungsgegenstände an der Straße abholen lassen kann. Bis zu zwei Mal im Jahr kann man das kostenlos nutzen.

9. Recycling über die Schadstoffsammlung.
Wandfarben, Pestizide, Akkus, aggressive Reiniger wie Rohrreiniger oder Rostentferner, Lösungsmittel, Leuchtstoffröhren oder Energiesparlampen müssen bei der kommunalen Sammlung abgegeben werden.

VERROTTEN LASSEN

Jetzt kommen wir zum letzten R, Rot, verrotten lassen. Dieses Prinzip der 5 Rs plädiert dafür, dass man nur Dinge endgültig entsorgt, die verrotten können. Welche **OPTIONEN** wir haben, um Dinge richtig verrotten zu lassen, schauen wir uns jetzt an.

BIOMÜLLTONNE

Die erste Anlaufstelle ist natürlich der Biomüll. Hier gehört eigentlich alles rein, was kompostiert werden kann:

- Obst und Gemüse,
- Eierschalen,
- altes Brot,
- Kartoffelschalen,
- Kaffeefilter aus Papier,
- Teebeutel. Hier muss man allerdings darauf achten, dass der Beutel wirklich kompostierbar ist und nicht aus Plastik besteht oder Plastikanteile hat.
- in Maßen: Pflanzenreste, Eierkartons, Papierservietten

Der Biomüll kann **EINFACH** lose in die Tonne, es sind keine extra Müllbeutel nötig!

Biomüll darf nicht faulen. Halte ihn daher möglichst trocken – hierbei hilft auch Zeitungspapier, in das man die Abfälle einschlagen kann, oder angetrockneter Gras- und Grünschnitt aus dem Garten – und schichte den Müll nur **LOCKER** in die Tonne.

Damit keine Gerüche entstehen und sich keine Maden einnisten, sollte die Tonne an einem schattigen Platz stehen und der Deckel sollte stets geschlossen bleiben. Flüssigkeiten dürfen überhaupt nicht in der Biotonne entsorgt werden, auch keine pflanzlichen Öle vom Braten. Diese müssen vielmehr **SICHER** verpackt und in den Restmüll oder zum Recyclinghof gegeben werden.

Tierfäkalien, Windeln, Wattepads, Katzenstreu oder auch Bioplastik gehören nicht in die Biotonne, sondern in den Restmüll.

KOMPOSTHAUFEN

Wer einen eigenen Garten hat, möchte sich vielleicht einen Komposthaufen anlegen. So kann man aus dem eigenen Biomüll einen **GROSSARTIGEN** Dünger herstellen und ihn sinnvoll weiterverwerten. Auf den Komposthaufen darf alles, was auch in die Biotonne darf. Nur gekochte Essensreste und Fleisch, Fisch, oder Milch sollten hier lieber nicht entsorgt werden, diese Reste könnten faulen oder Ratten und andere Tiere anlocken. Auch mit Zitrusfrüchten sollte man vorsichtig sein, da sie relativ langsam verrotten.

Und so pflegt man einen Komposthaufen:

1. Der Standort sollte im Halbschatten sein und nicht direkt im Wind. So ist der Kompost nicht zu viel Hitze ausgesetzt. Ein wenig **SONNE** braucht er, um nicht zu nass zu werden, aber eintrocknen darf er auch nicht.
2. Am gängigsten ist ein „Gitterkompost" aus Holzlatten, die als Rechteck zusammengesteckt werden. Auf diese Weise wird der Inhalt gut belüftet.
3. Fülle zuerst eine Schicht Gartenabfälle ein, darauf etwas Gartenerde (alternativ Kompostmasse von einem anderen Kompost), in der bereits Mikroorganismen vorhanden sind, die für das Kompostieren gebraucht werden. Auf diese beiden Schichten kommt dann dein Biomüll.
4. Wenn der Komposthaufen voll ist, deckt man alles mit Gartenabfällen wie Rasenschnitt ab. So ist er **GESCHÜTZT** und kann in Ruhe kompostieren. Das dauert einige Monate. Nach ein paar Wochen muss der Kompost durchmischt werden, um den Prozess zu beschleunigen und zu kontrollieren, ob etwas fault oder ob der Kompost gegossen werden muss.
5. Wenn der Kompost fertig ist, kann man ihn im Garten verwenden und mit einem kleinen Teil davon einen neuen Komposthaufen begründen.

BOKASHI-EIMER

Eine Alternative zum Komposthaufen, die auch gut für die Stadt geeignet ist, ist der Bokashi-Eimer. Hierin kann man seinen Biomüll ebenfalls ganz einfach kompostieren, allerdings dürfen nur rein pflanzliche Überreste hinein. Im Eimer leben effektive Mikroorganismen, die die Abfälle fermentieren, ähnlich wie Sauerkraut. In der Wohnung entsteht dabei aber kein unangenehmer Geruch, da die Eimer luftdicht schließen. Über einen Hahn an der Seite lässt man ab und zu das Wasser ab, das beim Kompostieren entsteht. Diese Flüssigkeit kann man (etwas verdünnt) schon **WUNDERBAR** als Dünger verwenden.

Da der Bokashi-Eimer mehrere Wochen lang geschlossen gehalten werden muss, sollte man zwei Eimer nutzen. Die Eimer gibt es fertig zu kaufen, direkt im Set mit den Mikroorganismen, aber man kann sich auch ganz EINFACH selber einen bauen.

Und so legt man einen Bokashi-Eimer an:

1. Gib Biomüll in den Eimer und besprühe jede neue Schicht mit den effektiven Mikroorganismen. Beschwere den Deckel des Eimers dann und verschließe ihn.
2. Wenn der Eimer voll ist, dauert das Kompostieren noch zwei bis drei Wochen.
3. Den fertigen Bokashi mit Erde vermischen und für die Zimmerpflanzen, ein Beet oder zur **UNTERSTÜTZUNG** eines Komposthaufens nutzen.

WURMKISTE

Als letztes kommen wir zu meiner Lieblingsform des Kompostierens: der Wurmkiste! Das ist ziemlich genau das, wonach es sich anhört: eine Kiste aus Holz, in der Würmer leben, die dafür sorgen, dass der Biomüll darin zu Kompost wird. Und auch diese Variante eignet sich super für eine Stadtwohnung! Das klingt vielleicht komisch und manch einer ekelt sich zuerst ein bisschen, aber eigentlich ist es ziemlich **COOL**.

In der Wurmkiste leben Kompostwürmer, die den Biomüll fressen und verdauen. Ihre Hinterlassenschaften geben einen **HERVORRAGENDEN** Kompost ab. Die Kiste selbst besteht aus zwei Abteilungen, die in der Mitte durch ein Gitter getrennt sind. Auf der einen Seite, auf einer Bodenschicht aus Pappe und Erde, wohnen die Würmer, die andere Seite ist zunächst leer.

Und so legst du dir eine Wurmkiste an:

1. Gib Biomüll in die Würmer-Abteilung, außerdem immer mal wieder etwas feuchtes Papier oder Karton: Davon ernähren sich die Würmer, außerdem sorgt es dafür, dass der Kisteninhalt nicht zu nass wird.
2. Wenn die Würmer-Abteilung voll ist, beginnst du, die zweite Hälfte zu befüllen. Sobald den Würmern auf ihrer Seite die **NAHRUNG** ausgeht, wandern sie durch das Gitter auf die andere Seite.
3. Die Masse in der ersten Kistenhälfte ab jetzt noch drei bis vier Monate trocknen lassen und dann entnehmen. Dann sind auch sicher alle Würmer auf die andere Seite gewandert.

Genau wie beim Bokashi-Eimer darf nur Pflanzliches in die Wurmkiste: Tierisches verdirbt zu schnell. Auch bei Brot, Getreideprodukten und Zitrusfrüchten sollte man aufpassen, am besten gibt man diese Reste gar nicht hinein.

RESSOURCEN

WO KRIEGT MAN WAS?

EINKAUFEN OHNE UNVERPACKT-LADEN

Zum Schluss möchte ich dir noch ein paar Empfehlungen geben, die das nachhaltige und müllfreie Leben um einiges erleichtern. Gerade wenn man noch neu ist bei dem Thema, ist es hilfreich, wenn man ein paar erste Anlaufpunkte kennt.

In den ersten Jahren, in denen ich mich Zero Waste **GEWIDMET** habe, hatte ich keinen Unverpackt-Laden in der Nähe. Ich musste

also mit dem auskommen, was es in den Läden vor Ort gab. Hierfür haben sich ein paar allgemeine Regeln ergeben, die in den meisten Gegenden und Städten anwendbar sind. Halte vor allem die Augen auf und probiere alles aus, was weiterhelfen könnte!

OBST UND GEMÜSE

Am besten bekommt man unverpacktes Gemüse in größeren Supermärkten, in Bioläden oder auf dem Wochenmarkt. In ländlicheren Regionen findet man auch häufig Hofläden, in denen man das Gemüse – und meist auch noch viele andere Dinge wie Eier, Fleisch, Marmelade, Honig usw. – direkt vom Bauern kaufen kann.

BROT

Die **EINFACHSTE** Option ist natürlich, das Brot in einer Bäckerei zu kaufen, dieses ist meist auch qualitativ das hochwertigste. In den meisten Supermärkten gibt es auch eine Backabteilung mit frischem Brot. Wenn man jeweils einen eigenen Beutel mitbringt, ist es sehr einfach, Brot unverpackt zu bekommen.

TROCKENOBST UND NÜSSE

Diese Lebensmittel gibt es auch schon in manchen großen Supermärkten zum Abfüllen. Sonst habe ich sie auch noch in türkischen Supermärkten und auf dem Wochenmarkt unverpackt gefunden.

GEWÜRZE

Im Biomarkt oder im Reformhaus häufig in Gläsern oder in Pappe mit Bioplastik verpackt zu bekommen. In einigen Städten gibt es auch kleine Gewürzläden, in denen man Gewürze von guter Qualität bekommt, oft ohne Plastik. In türkischen Supermärkten findet man ebenfalls häufig Gewürze im Glas.

HÜLSENFRÜCHTE

Hülsenfrüchte habe ich lange Zeit eingemacht im Glas gekauft, im Bioladen und in größeren Supermärkten. Die Auswahl ist leider nicht so groß, und wenn man regelmäßig Hülsenfrüchte isst, entsteht auf diese Weise ziemlich viel Altglas. Deswegen bin ich damals auf das Bestellen von trockenen Bohnen und Linsen umgestiegen. Einen Online-Shop hierfür findest du auf der nächsten Seite.

GETREIDE

Ganzes Korn, etwa Weizen oder Roggen, bekommt man häufig in Bioläden oder Reformhäusern zum Abfüllen. Manchmal kann man es auch bei einem Bauern oder in einer Mühle in der **REGION** kaufen. Mehl gibt es eigentlich in jedem Laden auch in Papier verpackt.

REIS

Gibt es häufig in asiatischen Supermärkten in großen Säcken, wo man sich auch etwas abfüllen lassen kann. Hier ist meistens auch viel loses Obst und Gemüse zu bekommen, und sogar frischer Tofu, den man in mitgebrachten Gefäßen mitnehmen kann.

ÖLE UND ESSIG

Die meisten größeren Supermärkte bieten diese Produkte in Glasflaschen an. Außerdem

gibt es in größeren Städten oft spezielle Läden, in denen man sich Öl und Essig abfüllen lassen kann.

KAFFEE

Inzwischen gibt es immer mehr kleine Kaffeeröstereien in den Städten, bei denen man Kaffeebohnen und gemahlenes Kaffeepulver kaufen kann. Außerdem bieten auch manche Cafés Kaffee für **ZUHAUSE** an.

TEE

Losen Tee bekommt man am besten in kleinen Teeläden, in denen die Auswahl meist riesig ist und es noch dazu immer so herrlich duftet. Manchmal haben größere Supermärkte auch eine Abfüllstation mit einigen Sorten. Tee lässt sich aber auch **SUPER** mit frischen Kräutern selbst zubereiten.

NACHHALTIG ONLINE BESTELLEN

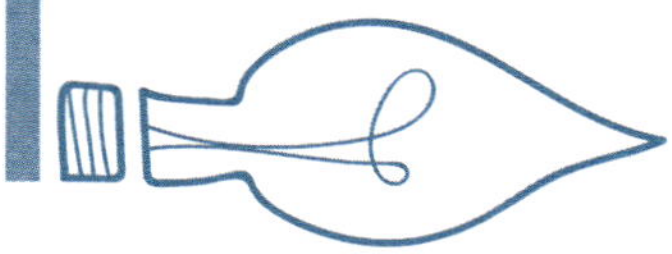

Moment, geht das überhaupt? Dinge online zu bestellen, erscheint vielen nicht gerade **NACHHALTIG**. Ganz so einfach und pauschal kann man das aber nicht sagen. Denn wenn man nur ein paar Dinge beachtet, lassen sich Online-Handel und Nachhaltigkeit durchaus vereinbaren.

1. Rücksendungen vermeiden & Bestellungen bündeln.
Wenn man zum Beispiel zehn Kleidungsstücke bestellt und neun wieder zurückschickt, ist die Umweltbelastung unnötig groß. Genauso ist das Bestellen eher nachteilig, wenn man ganz viele kleine Einzelbestellungen macht. Man sollte also auch (und gerade!) online bewusst und **SINNVOLL** einkaufen.

2. Den Kauf genau durchdenken
Bevor ich etwas bestelle, überlege ich mir sehr gut, ob ich es wirklich brauche (und natürlich, ob ich es nicht regional irgendwo kaufen kann). Ich achte genau auf die **DETAILS**, bei Kleidung etwa Größe, Passform etc., damit ich nichts zurückschicken muss.

3. Große Mengen bestellen
Bei kleinen Teilen wie Kosmetik versuche ich erst zu bestellen, wenn ich mehrere Dinge benötige, um den Versandaufwand so gering wie möglich zu halten. Ich bestelle also **LIEBER** einmal im Jahr einen Vorrat an Produkten, als alle paar Monate wieder etwas liefern zu lassen. Auch Sammelbestellungen helfen dabei, das Online-Kaufen nachhaltiger zu gestalten.

4. Den Shop genau prüfen
Ich überprüfe im Vorfeld stets genau, bei welchen Shops ich bestelle. Nachhaltige Online-Shops achten in der Regel darauf, dass möglichst wenig Verpackungsmüll entsteht und CO_2-neutral versendet wird.

Für viele kleine, nachhaltige Unternehmen ist der Online-Handel die einzige Möglichkeit, ihre Produkte zu vertreiben. Wenn man diese Unternehmen UNTERSTÜTZEN möchte, ist es also unvermeidbar, online zu bestellen. Und wenn ich mit der Bestellung eines wiederverwendbaren Produkts Müll einsparen kann, finde ich das erst recht vertretbar.

EMPFEHLUNGEN FÜR ONLINE-EINKÄUFE

LEBENSMITTEL WIE HÜLSENFRÜCHTE, GETREIDE, MÜSLI, TROCKENFRÜCHTE (ALLES IN BIO QUALITÄT)
www.mein-muesli-laden.de
www.naturlieferant.de (auch für Zero-Waste-Equipment)

ZERO-WASTE-EQUIPMENT
www.zerowasteladen.de
www.shop.original-unverpackt.de
www.24bottles.com
www.ecobrotbox.de
www.soulbottles.de
www.monomeer.de (auch für Kosmetik)

KOSMETIK UND KÖRPERPFLEGE
www.hydrophil.com
www.lamazuna.de
www.sauberkunst.de (Seifen, feste Shampoos)

NACHHALTIGE PRODUKTE FÜR ALLE LEBENSBEREICHE
www.avocadostore.de
www.gruene-bude.de

NACHHALTIGE MODELABELS
Dafür habe ich einen Guide auf meinem Blog, der regelmäßig aktualisiert wird: www.violettaverissimo.com/2019/06/14/fair-fashion/

BUCHEMPFEHLUNGEN FÜR DICH

NOCH MEHR KREATIV-BÜCHER ZUM GLEICHEN THEMA GESUCHT?

ISBN 978-3-7724-7158-2

ISBN 978-3-7724-8159-8

ISBN 978-3-7724-7151-3

ISBN 978-3-7724-7486-6

ISBN 978-3-7724-4976-5

ISBN 978-3-7724-4493-7

Viele weitere Kreativ-Bücher findest du auf www.TOPP-kreativ.de

ISBN 978-3-7724-7164-3

ISBN 978-3-7724-4493-7

ISBN 978-3-7724-7164-3

ISBN 978-3-7724-7172-8

GTIN 4007742181185

ISBN 978-3-7724-7269-5

WER WIR SIND, WIE WIR ARBEITEN, WAS WIR LIEBEN ...

Auf Instagram, Facebook und Pinterest findest du mehr über uns und unsere Arbeit und wirst immer schnell und einfach mit den neuesten Infos versorgt.

Alle News, alle Infos und alle Links findest du auf www.TOPP-kreativ.de

FOTOS: Michael Ruder, lichtpunkt, Stuttgart: Cover; Shutterstock: S. 35 (JoyStudio), 49 (Anna-Mari West), 53 (Cat Act Art), 64 (Ekaterina Pokrovsky), 107 u. (Andrey_Popov), 110 o. (Lia_t), 114 (Hafiez Razali), 115 (StunningArt), 117 (Yulia Grigoryeva), 119 (luckyraccoon), 123 (Alba_alioth), 124 (Soloveva Kseniia), 127 (Richard Rinaldo), 128 (JurateBuiviene); Carl Lück: alle übrigen Bilder
ILLUSTRATIONEN: Freepik
LEKTORAT UND PRODUKTMANAGEMENT: Stephanie Iber
COVERGESTALTUNG: Sandra Preinl, unter Verwendung eines Bildes von Michael Ruder, lichtpunkt, Stuttgart
LAYOUTGESTALTUNG: Eva Grimme
HERSTELLUNG: Katrin Röhlig
SATZ: DOPPELPUNKT Karen Auch, Stuttgart
DRUCK UND BINDUNG: Neografia, Slowakei

1. Auflage 2020

ISBN 978-3-7724-4500-2 • Best.-Nr. 4500

FSC
www.fsc.org
MIX
Papier aus verantwortungsvollen Quellen
FSC® C020353